Ellynor Barz

Selbstbegegnung im Spiel

Ellynor Barz

Selbstbegegnung im Spiel

Einführung in das Psychodrama

Kreuz Verlag

CIP-Titelaufnahme der Deutschen Bibliothek

Barz, Ellynor:
Selbstbegegnung im Spiel: Einf. in. d. Psychodrama /
Ellynor Barz. – 1. Aufl. – Zürich:
Kreuz-Verl., 1988
ISBN 3-268-00065-7

1. Auflage

Umschlaggestaltung: Jürgen Reichert, Kornwestheim
Gesamtherstellung: Ebner Ulm
ISBN 3 268 00065 7

Inhalt

Einleitung

Psychodrama kann man eigentlich nur mitspielend, handelnd kennenlernen, um seine Wirkkraft zu ermessen.

Denn: Das Psychodrama ist kein psychologisches System, keine Lehre. Es gehört zu keiner psychologischen Richtung, die man lehrend vermittelt, sondern ist eine therapeutische Methode, mit psychischen Inhalten handelnd umzugehen. Jakob Levy Moreno, der Begründer oder Erfinder des Psychodramas, nannte es »die Methode, welche die Wahrheit der Seele durch Handeln ergründet«. Dazu gehören mehrere Menschen. Es findet also in (kleinen) Gruppen statt.

Psychodrama kann als therapeutische Methode auf ganz verschiedenen Ebenen und in verschiedenen Bereichen angewandt werden. Es ist inhaltlich und theoretisch nicht festgelegt. Es kann für Verhaltenstherapie ebenso eingesetzt werden wie für Ehe- oder Familientherapie; in sozialen Bereichen ebenso wie in Kliniken; in jeder Konfliktsituation äußerer Art – und es kann ebenso als innerer Entwicklungsweg erfahren werden, der zu Selbstfindung führt.

Geprägt wird es allein durch den, der es gebraucht; durch den Leiter also – und durch die Gruppe, die er zusammenstellt; durch seine geistigen und psychologischen Voraussetzungen und das Ziel, das er anstrebt. Immer aber geht es darum, beunruhigende Themen, Konflikte emotional, handelnd zu erleben und so zu »be-handeln«.

Im allgemeinen ist man gewohnt, auftauchende Probleme nachdenkend zu ergründen, zu analysieren, auf ihre Ursache hin zu untersuchen und daraus bestimmte Schlüsse zu ziehen. Im Psychodrama dagegen wird das Problem in Handlung umgesetzt. Es wird dadurch insofern ganzheitlich behandelt, als es in Raum und Zeit – ins Hier und Jetzt – gestellt und mit allen Sinnen angeschaut und mit allen psychischen Funktionen erfahren wird: über das Denken wie das Fühlen, über die Wahrnehmung wie die Intuition.

Ähnlich macht es unsere Seele im Traum. Wenn wir darauf

achten und unsere Träume erinnern, so merken wir, daß wir ein Problem, das uns beschäftigt – beziehungsweise ein Thema, das uns bewußt werden *sollte* –, meistens in Form einer »Geschichte«, einer oft nur kurzen oder banal scheinenden Handlung geträumt, gelegentlich auch nur in einem Bild zusammengefaßt gesehen haben. Es ist nur oft so schwer, den darin enthaltenen – verborgenen – Sinn alleine, ohne Hilfe eines Fachkundigen zu erkennen. Und wir sind im allgemeinen leider allzusehr gewohnt, Träume – ebenso wie unbequeme Themen – zur Seite zu schieben und wieder zu vergessen. Das aber heißt, daß wir sie nicht ernst nehmen, uns nicht in seelische Bereiche einlassen, uns nicht von ihnen bewegen lassen wollen. Und doch gibt es dann immer wieder einen Traum, der trotz seiner zunächst unverständlichen Handlung unvergessen bleibt, der uns merkwürdig berührt, bewegt, erschreckt – und der damit eine bleibende Wirkkraft hat.

Ebenso kann es einem gelegentlich im Psychodrama ergehen: Eine Handlung bleibt unvergessen, wirkt weiter, auch wenn ihr tiefster Sinnzusammenhang intellektuell vielleicht nicht erfaßt, nicht gedeutet oder in Worte gefaßt wurde. Aber das im Psychodrama Erlebte kann zu einer neuen Wachheit führen, zu einer neuen Einstellung einem wichtigen Thema gegenüber. Und im Psychodrama gewinnt die Handlung, das dramatische Spiel, noch zusätzliche Wirkkraft dadurch, daß es in einer Gruppe, vor Zeugen, unter Mithandelnden stattfindet. Es ist danach nicht so leicht, es wieder zu vergessen – oder keine konkreten weiteren Konsequenzen zu ziehen.

Ein Beispiel:

Eine etwa 35jährige Frau, noch neu in einer Psychodramagruppe, entschuldigt sich, daß sie meistens eine Sonnenbrille trägt. Ihr Problem ist, daß sie so häufig errötet, in ganz unerwarteten, unerklärlichen Situationen. Hinter der Brille fühlt sie sich etwas sicherer.

Aber in letzter Zeit hat sich das Erröten noch gesteigert, selbst in der Familie, wenn ihr Mann etwas aus der Zeitung vorliest, gar wenn es sie im leisesten an sexuelle Themen erinnert, so harmlos sie auch sein mögen. Dabei ist sie Mutter von drei Kindern; und Sexualität ist für sie persönlich nie ein Problem gewesen. Sie hat nie ein sexuelles Trauma erlebt, hat mit Freuden jung geheiratet und lebt in einer glücklichen Ehe.

Da fällt der jungen Frau spontan ein sich immer wiederholender Traum ein; er komme ebenso unerwartet und ohne jeden Zusammenhang wie das Erröten. Gerade gestern habe sie ihn wieder geträumt. Dabei sei er so unbefriedigend: ganz kurz und ohne richtiges Ende.

Als Träumerin geht sie eine Straße entlang, auf ein Haus zu, steht vor der Tür, legt die Hand auf die Klinke – wird von Panik gepackt und erwacht.

Sie erinnert sich nicht, was für eine Straße oder was für ein Haus das gewesen sein mag.

Im Psychodrama geht die Protagonistin – so wird der Hauptspieler des Dramas genannt – die Straße des Traumes entlang. Da realisiert sie plötzlich, daß sie auf einem Kopfsteinpflaster geht. Ihre Füße tasten sich voran, und es wird ihr bewußt, daß dieses eine Straße aus der Kindheit sein muß: die Hauptstraße des Dorfes. »Als Kind bin ich hier oft gegangen.« Die Häuser an beiden Seiten werden jetzt deutlicher. Das Haus schließlich, vor dem der Traum endet, ist das Elternhaus der frühen Kindheit. Im Psychodrama tritt sie nun wieder auf das Haus zu, entschlossen, diesmal einzutreten. Allein: In dem Augenblick, da sie die Klinke in der Hand hält, versagt ihr die Kraft. Sie kehrt um. Das heißt, sie wendet sich zum Leiter und sagt: »Ich kann nicht hineingehen.« – »Warum nicht?« – »Ich weiß nicht, aber es ist etwas Schreckliches drinnen.«

Im Psychodrama wird der Gang zum Haus ein zweites Mal versucht; diesmal als kleines Mädchen, etwa so alt wie zu der Zeit, als sie dort noch mit ihren Eltern lebte; und zu ihrer Unterstützung in Begleitung der Mutter, die sie an der Hand hält.

Zum großen Erstaunen der Gruppe zögert aber die Mutter, die von einem Mitglied der Gruppe gespielt wird, beinahe noch mehr als das Mädchen, sich dem Haus zu nähern; ja sie wird schließlich von der Tochter hingezogen. »Du willst wohl auch immer nur kneifen und nicht hinschauen«, sagt die Protagonistin unvermittelt zur Mutter. »Aber jetzt *mußt* du sehen.«

Wieder das Zögern an der Tür, dann ein entschlossenes Eintreten. Drinnen in der Stube sitzt nun der Vater, den die Protagonistin – unerwartet – in ihrer Imagination dort vor sich sieht. Dann aber läuft sie – von Panik ergriffen – hinaus.

Beim dritten Anlauf sprechen die Mutter und das Mädchen auf dem Weg etwas mehr miteinander: Was ist so unheimlich an dem Haus – oder daran, daß der Vater dort so unerwartet (oder vielleicht doch erwartet?) in der Stube saß? Es muß da noch ein Geheimnis geben. »Etwas ist versteckt da drin.«

Beim Öffnen der Tür sieht die Protagonistin diesmal nicht nur den Vater, sondern sie »weiß«, daß die Tante, die seit kurzem mit im Hause lebt, noch eben in der Stube gewesen sein muß; daß »das Böse« mit ihr drin war; daß sie jetzt nur schnell hinausgelaufen ist, als sie die Schritte der Herannahenden gehört hat; daß sie sich versteckt hält; daß sie als Hure, als Verführerin, als Heuchlerin, als Hexe im Hause lauert – immer noch. »Auch heute noch hockt mir die Hexe auf, überall!« Schnell packt die Protagonistin die Mutter bei der Hand und verläßt fluchtartig das Haus. Weiter hat ihre Kraft nicht gereicht.

Aber sie ist in späteren Psychodramen mit immer wachsender Entschlossenheit zu dem »Haus« zurückgekehrt, hat allmählich gewagt, dem Vater Fragen zu stellen, dem Bösen zu begegnen. – Und eines Tages fragte sie lachend die Gruppe, ob wir eigentlich auch gemerkt hätten, daß sie praktisch nie mehr erröte? Und die Sonnenbrille trage sie selbst in bedrohlichen Situationen nicht mehr.

Was sich hier scheinbar spielerisch einfach, beinahe selbstverständlich entwickelt hat, beruhte auf einer zwar einfachen, aber konsequent durchgestandenen Handlung. Das griechische Wort für Handlung ist: Drama. Seelische Not war in Handlung umgesetzt, war dramatisch gestaltet worden. Durch diese Psycho-Dramen war ein Prozeß in Gang gekommen, der zu immer größerem Mut in der Auseinandersetzung mit verdrängten Erinnerungen, mit inneren Stimmen und Figuren führte.

Es kann schon ein Psychodrama zu einer Wende in einer Lebensproblematik, einem Beziehungsproblem, in einer Konfliktsituation führen – wenn der Augenblick dafür reif ist. Ein starkes Erlebnis wird weite Kreise ziehen wie ein Stein, der ins Wasser fiel. Es wirkt weiter in der Realität des täglichen Lebens. Und es wirkt in der Tiefe der Seele, wo weitere psychische Inhalte angerührt werden und in Bewegung geraten. Lange zur Seite Geschobenes, »Verdrängtes«, unbewußt Gebliebenes verlangt jetzt nach Aufarbeitung, nach Verstehen und Einsicht und bewirkt schließlich eine grundsätzliche Wandlung der bewußten Einstellung.

Daß solche Prozesse möglich werden, setzt einmal eine seelische Einsatzbereitschaft derjenigen voraus, die sich zur Psychodrama-Arbeit zusammenfinden. Zudem braucht es die sichere Grundlage der Methode des Psychodramas, die sozusagen Raum und Schutz bietet für »dramatische« psychische Prozesse. Und schließlich braucht es verantwortungsbewußte Leiter, die ein gründliches theoretisches – psychologisches – Konzept mit eigener Erfahrung verbinden und dazu intuitives Geschick haben müssen, um eine Psychodrama-Arbeit gewissenhaft und mit Aussicht auf Erfolg leiten zu können.

Was sich in dem angeführten Beispiel ereignete und was einem unerfahrenen Zuschauer (wenn es einen solchen geben dürfte) als glücklicher Zufall erscheinen könnte, beruhte gewiß *auch* auf einer glücklichen Fügung, ebenso aber auf seelischen Bedürfnissen und Entfaltungsmöglichkeiten *und* auf dem Zusammenspiel verschiedener Kräfte: Zur Methode des Psychodramas und dem tiefenpsychologischen Konzept der Leiter kam das spontane, kreative Mitwirken der Gruppe als ganzer wie das jedes einzelnen als Individuum in ihr; kam die praktische, konkrete Auseinandersetzung mit bewußten und unbewußten Inhalten.

Aber spätestens hier wird sich die theoretische Einsicht über die in Psychodramen ablaufenden Prozesse von Schule zu Schule oder je nach Interesse und Ziel in der Psychodrama-Arbeit unterscheiden.

Das angeführte Beispiel kann – je nach psychologischer Ausrichtung – verschieden verstanden und psychologisch gedeutet wie auch in nachfolgenden Psychodramen verschieden weitergeführt werden, je nachdem, ob man es im Geist der

Psychoanalyse (Freuds), der Analytischen Psychologie (Jungs), eines Verhaltenstherapeuten oder einer Transaktionsanalyse versteht; ob man mehr pädagogische oder analytische Ziele im Auge hat und so weiter.

Bei längerer Teilnahme an einer Psychodramagruppe wird das nicht ohne Folgen auf die Entwicklung des einzelnen wie die Zusammenarbeit der Gruppen bleiben.

Allein die unterschiedliche Auffassung von Inhalten des Unbewußten – des persönlichen oder kollektiven – wird die Arbeit der Gruppe prägen, selbst wenn nie in theoretischer Form darüber gesprochen wird. Aber die Einstellung der Leiter dazu kann nicht ohne konkrete Folgen bleiben. In dem hier vorliegenden Buch wird die Methode des Morenoschen Psychodramas aus der Sicht der Analytischen Psychologie oder besser: aus der Psychodrama-Erfahrung Jungscher Therapeuten vorgestellt.

Dazu erscheint es mir unerläßlich, zunächst einmal auf die Biographie der beiden Menschen, die die »Entdecker« und Begründer von Psychodrama und Analytischer Psychologie waren, einzugehen. Ihr persönliches Wesen und ihr Leben – oder ihre psychische Struktur und ihre entsprechenden Lebenserfahrungen – sind Vorbedingung und Teil ihres Werkes.

Danach werde ich das Psychodrama vorstellen, wie Moreno es entwickelte, und werde anschließend zeigen, wie es sich im Zusammenhang Jungscher Therapieform schließlich modifizierte. Das eben gebrachte Beispiel eines Psychodramas wird anschließend noch einmal eingehender angesehen und psychologisch reflektiert.

Es folgen später Beispiele verschiedener Psychodramen zu verschiedenen Themen, um eine Vorstellung ihrer möglichen Behandlung zu geben.

Abschließend gehe ich auf die zunächst nicht zu vermutende Verwandtschaft zwischen Grundgedanken des psychologisch-philosophischen und therapeutischen Konzeptes von Moreno und Jung ein. Diese würde man bei nur flüchtiger Kenntnis von Psychodrama und Jungscher Psychologie gewiß nicht erwarten, da es, von außen gesehen, zwei so grundsätzlich verschiedene Instrumente sind.

Moreno und Jung – die Begründer von Psychodrama und Analytischer Psychologie

Psychodrama und Analytische Psychologie sind die Ergebnisse zweier Lebenswerke. Ihre Begründer – Jakob Levy Moreno und Carl Gustav Jung – waren beide Ärzte, beide Psychiater und auch beinahe Zeitgenossen (Jung: 1875–1961; Moreno: ca. 1889–1974). Aber es waren zwei von Grund auf verschiedene Persönlichkeiten mit zwei entsprechend verschiedenen Lebensläufen.

Jakob Levy Moreno

Morenos Geburt bleibt geheimnisvoll unbestimmt. In Meyers Enzyklopädischem Lexikon ist der 20. Mai 1892 als Tag der Geburt angegeben, andernorts heißt es, er sei am 18. Mai 1889 geboren (Grete Leutz, 1974); im Meldeamt von Vöslau bei Wien, wo er später als Gemeindearzt arbeitete, ist 1890 als sein Geburtsjahr genannt. Wenn nicht in Bukarest – so nach Meyers Enzyklopädie –, so ist er auf einer Schiffsreise seiner Eltern auf dem Schwarzen Meer geboren (Leutz), was gut zu seinem weiteren Leben passen würde, das sich in ständiger Bewegung abspielte.

Während Jungs Leben und Werk, seine Gedanken und Träume unter anderem durch seine in vielfacher Auflage vorhandene Autobiographie weithin bekannt sind, scheint Morenos Autobiographie, von der Lewis Yablonsky, ein Schüler und Freund Morenos, schreibt, daß er sie noch kurz vor Morenos Tod von ihm zu lesen bekam und sich mit ihm darüber unterhielt, verschollen zu sein.[1] Ich stütze mich also auf autobiographische Angaben, die in seinen Büchern verstreut zu finden sind, und auf mündliche Berichte von Freunden und Schülern (v. a. Dean und Doreen Elefthery und Grete Leutz) sowie auf seine 1955 erschienenen »Preludes To My Autobiography«[2]. Diese Präludien schrieb er, nachdem ein Kritiker ihm gesagt hatte, daß er zuviel Autobiographisches in seine wissenschaftlichen Bücher hineinmische. (Die »Vorspiele zur Autobiographie« enthalten dafür beinahe ausschließlich Angaben über die Entstehung und Verbreitung seines Werkes!)

Moreno entstammte einer jüdischen Familie aus Bukarest, wuchs vom fünften Lebensjahr an in Wien auf, wo er später Medizin studierte, 1917 Arzt wurde und von wo er 1925 schließlich in die USA auswanderte.

Den Anfang seiner psychodramatischen Laufbahn hat Moreno selbst in seinem fünften Lebensjahr gesehen, als er »sein erstes Psychodrama« leitete. »Er spielte mit einer Gruppe anderer Kinder im Keller seines Elternhauses in Wien und veranlaßte die Gruppe zu einem Stegreif-Spiel, in dem er die Rolle Gottes spielte, während die anderen Kinder die Engel waren. Sie türmten Stühle übereinander bis zur Decke, und ganz oben saß Moreno; die anderen Kinder umkreisten ihn singend und mit den Armen wie mit Flügeln schlagend. Er war mit der ganzen Aufführung sehr zufrieden, bis ihn eines der Kinder fragte, ob er denn fliegen könne. Er versuchte es – ohne Zweifel war er gut auf seine Rolle eingestimmt – und landete auch gleich mit einem gebrochenen Arm am Boden. Der Vorfall, obwohl noch weit entfernt vom späteren Psychodrama, enthielt doch schon viele seiner Wesenszüge: Kreativität, Spontaneität, Katharsis und – dank dem widerfahrenen Mißgeschick – Einsicht.«[3]

Moreno war ein leidenschaftlich spielender Mensch, fand in allen Lebenslagen schöpferisch-spielerische Lösungen und ließ sich durch das Spiel in seiner eigenen Entwicklung leiten und führen.

Alle Freunde Morenos – wie er selber – erzählen gern, wie er in den öffentlichen Gärten Wiens spielenden Kindern zusah, ihnen Geschichten und Märchen erzählte, selber mit ihnen spielte und darin die ersten Anfänge seines später entwickelten Psychodramas entdeckte.

Grete Leutz schildert das folgendermaßen: »Im Laufe der Zeit ergab es sich, daß immer mehr kleines Volk zur gewohnten Stunde zur Märcheneiche strömte, den auf Ästen oder im

Schatten des Baumes sitzenden Moreno umringte und gebannt seinen Erzählungen lauschte. Auch Mütter, Kinderfrauen und Parkaufseher gesellten sich gelegentlich dazu. Die Kinder gingen dank ihrer Spielfreude und der von Moreno gegebenen Anregung rasch dazu über, die erzählten Geschichten spielend darzustellen, zu ergänzen und abzuwandeln. Moreno schaute zu und spielte mit. Alle waren in Aktion ... Seinem medizinisch geschulten Blick konnten das auffällige Verhalten einiger Kinder ebensowenig entgehen wie die Wandlungen, welche sie im Laufe der von ihm angeregten Spiele durchmachten. Angeberische Rowdies lernten im Spiel, sich auf das Thema, die Rolle und ihre Kameraden zu beziehen. Sie wurden allmählich umgänglicher. Schüchterne Kinder spielten sich frei. Außenseiter wurden – zunächst der ihnen von Moreno zugeteilten Rollen wegen – ins Spiel der Kindergruppe einbezogen. Die Kinder versetzten sich gerne in ihre Rollen und lernten auf diese Weise neue Verhaltensweisen. Die Rollen wurden zum Ventil ihrer Aggressionen.«[4]

Diese kreativen Spiele und Experimente fielen in die Studienzeit in Wien und wurden auch weiterverfolgt, als Moreno ab 1917 als Arzt in verschiedensten Bereichen tätig war.

Schon während seiner Studienjahre hatte er die Gründung einer »Theaterkathedrale« eines »humanistischen Lebenstheaters« im Sinn. Er schrieb, dichtete und war ein von religiösen Ideen Ergriffener. Seine frühesten Schriften (ab 1914 veröffentlicht) enthalten in expressionistischer Form die philosophischen – existenzialistischen – Grundgedanken, die die Grundlage für sein ganzes späteres Werk bilden.

Im »Testament des Vaters«[5] umkreist er »Die Gottheit als Autor«, »Die Gottheit als Redner«, »Die Gottheit als Komödiant« und so weiter und schließt mit »Der Weg zu mir«. Im »Königsroman« hält er »Die Reihe der unendlichen Konflikte« fest.[6] Von 1918 bis 1920 gab er die literarische Zeitschrift »Der Daimon« im Anzengruber Verlag in Wien heraus. In seinen damaligen Werken spiegelt sich, wie er später in den »Präludien« selber sagt, seine leidenschaftliche religiöse Ergriffenheit und der Versuch, seine Lebens- und metaphysische Fragen schöpferisch zu lösen.[7]

Immer wieder fand er sich – seiner eigenen extravertierten Einstellung entsprechend – in »Gruppen«: nach den Kindergruppen in den Augärten in therapeutischer Arbeit mit Gruppen von Prostituierten vom Spittelberg, 1913; nach 1918 als betreuender Arzt in Flüchtlingsgruppen im Lager Mitterndorf bei Wien, wo er erstmals eine Neuordnung dieser Gemeinschaft mit Hilfe soziometrischer Methoden, die er später weiter erforschte und ausarbeitete, versuchte. Er versammelte auch eine Arbeitsgruppe von Spitalkollegen um sich. Und im Stegreiftheater, das er 1922 an der Maysedergasse gründete, gehörte er als Leiter sowohl wie als Mitspieler selbst zu seiner ersten Psychodrama-Gruppe.

Von diesem Stegreiftheater erhoffte Moreno sich eine »Theaterrevolution«. Hier sollte Sein und Schein verbunden werden. Die Schranken fielen zwischen Bühne und Zuschauerraum, Spielern und Zuschauern. »Mit der Auflösung des Gegensatzes zwischen Spielern und Zuschauern ist der gesamte Raum Theaterfeld geworden«, schreibt er in seinem 1923 erschienenen Buch »Das Stegreiftheater«. Dies ist »das Theater aller mit allen, die restlose Dämmerung des Seins; nicht ein Spielmächtiger . . .; alle müssen mit ihm spielen, ihn mächtig zu machen, wie Gott nicht wird, wenn ihn nicht alle gebären«[8].

Als Theaterereignis wurde das Stegreiftheater kein Erfolg. Aber hier sammelte Moreno, nun unter Erwachsenen, seine grundlegenden Erfahrungen für die spätere Form des Psychodramas und der Gruppenpsychotherapie.

Die Wurzel der späteren Gruppenpsychotherapie sah Moreno selber in drei Bereichen: der Medizin, der Soziologie und der Religion.[9]

Aus der Medizin stammte das Interesse am Pathologischen und der Wunsch zu heilen. Therapie – nicht nur als Behandlungsform, sondern spezifischer: als dienendes Handeln – erschien ihm als die gegebene Aufgabe und als persönliche Verantwortung aus einer Weltanschauung heraus, die sich aus den anderen beiden Wurzeln ergab. (»therapeutes« heißt im Griechischen: Diener.)

Als Zielgruppe für sein therapeutisches Handeln sah er das

»emotionale Proletariat«, wie er es nannte, und nicht wie Marx das ökonomische. Durch eine nicht mehr »therapeutische Weltordnung« war es zum »therapeutischen« oder »emotionalen Proletariat« gekommen, das Moreno als viel problematischer, weil schwerer erfaßbar ansah als das ökonomische. Diesen unzähligen Opfern wollte er durch Umstrukturierung ihrer Gruppen günstigere Lebensbedingungen schaffen, unter denen sich jeder einzelne seinem Wesen gemäß besser entfalten können sollte. Da in der damaligen Soziologie (1914 bis 1925) objektive Untersuchungsmethoden zur Analyse von Gruppenbeziehungen noch fehlten, mußte er selber solche entwickeln. Er erforschte den soziodynamischen Effekt und erfand dafür den soziometrischen Test zur Messung der ungleichen Verteilung von Anziehung und Abstoßung der Gruppenmitglieder untereinander. Damit legte er die Grundlagen der Soziometrie. Und indem er auf die Ursachen von Isolierung, Minderwertigkeitskomplexen, mangelnder Anregung etc. stieß, entwickelte er als Therapieform: das Psychodrama.

Der dritte Beweggrund zu seinen gruppendynamischen und gruppentherapeutischen Arbeiten kam aus dem religiösen Bereich. Moreno litt als religiös bewegter Mensch darunter, daß es in unserer Kultur keine lebendigen religiösen Systeme mehr gab, durch die der Mensch sich in eine sinnvoll umgrenzte Weltordnung eingebunden fühlen konnte. Er bedauerte »die Entgötterung der Welt, die Spinoza mit der Gleichsetzung von Gott und Welt begonnen hat, ... Nietzsche, Marx und Freud durch Umwertung der moralischen Werte, durch ökonomische Analyse und Psychoanalyse weitergeführt« haben. »Marx sah die Lage des Menschen bloß als Mitglied der Gesellschaft, er sah den Kampf innerhalb der Gesellschaft als sein letztes Schicksal. Freud sah die Stellung des Menschen als die eines Wanderers zwischen Geburt und Tod. Der weitere Kosmos wurde nicht einbezogen. Es ist die Aufgabe unseres Jahrhunderts geworden, den Menschen zurück in das Universum zu stellen.«[10]

Moreno hat Jungs Ideen nicht gekannt. Und dennoch ist sein Anliegen: den Menschen als »kosmisches Wesen« zurückzuführen zu Spontaneität und Kreativität, zum »Zentrum«, dem Anliegen Jungs im innersten verwandt, wie wir später sehen werden.

Die Reihenfolge der drei Wurzeln, aus denen Morenos Werk erwuchs, wäre vielleicht umzukehren: Aus einer religiösen Betroffenheit heraus hat er auf der Suche nach Neuorientierung sich als schöpferischer Mensch mit der heutigen (damaligen) Welt und Gesellschaft auseinandergesetzt. Er hat sie – besonders in den folgenden Jahren – in ihren konkreten Gegebenheiten untersucht, um zu einer Therapie auf einen »werdenden Kosmos« hin zu kommen.

Moreno verstand den Menschen als »kosmisches Wesen«, das mehr umspannt als nur individuelle Werte (Freud) oder sozio-ökonomische (Marx). Als kosmisches Wesen ist er Träger von Weltordnung (Kosmos), die Zeit, Raum und sichtbare Realität übersteigt. Hing der Mensch früher Religionen an, um einem unsichtbaren Wertsystem zu genügen, so ging der Glaube an ein höchstes kosmisches Wesen den meisten Menschen inzwischen verloren. Aber: »Gott ist nicht tot.« Er ist nur nicht »draußen« zu finden, sondern *im* Menschen. »Das Bild Gottes kann in jedem Menschen Gestalt annehmen.« »Wir sehen ... Millionen von Menschen, die Gott in ihrer eigenen Person verkörpern können.« Darum steht »zentral ... in der psychodramatischen Welt ... die Verkörperung. Jeder darf seine Version Gottes durch seine Handlungen zum Ausdruck bringen«[11].

Der Kosmos ist im Universum zu finden und ebenso im Menschen; in der Begegnung von Mensch zu Mensch, »von Gott-in-mir zu Gott-in-dir«.

In Wien waren Morenos soziologisch-therapeutische Ideen erst im Kern seiner Arbeit enthalten. Nicht viele teilten damals seine Gedanken und Erwartungen an eine Form von spontanem Theater als möglicher Therapieform. Das Stegreiftheater fand immer weniger Resonanz – und vor allem eine schlechte Presse.

Das war für Moreno um so enttäuschender, als er gerade mit dem Stegreiftheater einen großen Schritt über die Psychoanalyse Freuds hinaus machen wollte. Er wehrte sich gegen diese Psychoanalyse, weil ihm das »sterile setting«, der »zweidimensionale Raum«: »der Diwan als Behandlungsbasis«, die mitmenschliche Unbezogenheit zwischen Patient und Therapeut nicht zusagten. Er fand sie un-menschlich, dem menschlichen Wesen unangemessen. Er war für einen freien Raum, in dem jeder Teilnehmer sich jederzeit frei bewegen und spontan agieren durfte, und sah in dem – strukturierten – Ausleben von seelischen Konflikten, und zwar innerhalb einer Gruppe und in der Begegnung mit mehreren Mitmenschen, wie das im Stegreiftheater der Fall war, sowohl therapeutische wie pädagogische Möglichkeiten. Seinem Wesen entsprechend war Moreno gegen die Psychoanalyse, weil sie auf Kosten von konkretem Erlebnis und lebendiger Einsicht zu gehen schien, weil sie auf Vergangenes ausgerichtet war, anstatt im »hic et nunc« zu geschehen und auf Zukunft ausgerichtet zu sein, weil sie lebendige mitmenschliche Begegnung zwischen Patient und Therapeut ausschloß. »Während die Soziologen das Individuum ausließen, ließen die Psychoanalytiker die Gruppe aus.« Und Moreno wollte eine Methode finden, in der das Individuum sowohl wie die Gruppe therapeutisch erfaßt werden konnten.[12]

Freuds Erfolge aber minderten Morenos Chancen. Er sah wenig Erfolgsmöglichkeiten für seine Art von Antithese zur Psychoanalyse und überlegte, ob er seinen Weg von Wien weg nach Osten (Rußland) oder Westen (USA) einschlagen sollte, um für seine Ideen ein weiteres Verwirklichungsfeld zu finden. Er entschied sich für die demokratischen Vereinigten Staaten und wanderte 1925 nach den USA aus.[13]

Kurz zuvor hatte Moreno eine Erfindung gemacht. Aus dem Bedürfnis heraus, einen vergänglichen Augenblick wie zum Beispiel eine gelungene Stegreifaufführung festzuhalten, hatte er ein Gerät zur Wiedergabe von Tönen erfunden. Es soll ein Vorläufer des heutigen Tonbandgerätes gewesen sein. 1924 ließ er das Gerät patentieren, reiste 1925 damit nach New York, verkaufte das Patent dort und kaufte damit buchstäblich seine spätere Basis: das Land in Beacon, auf dem er sein Haus, die erste Psychodramabühne und ein privates psychiatrisches Sanatorium baute.

Ab 1925 begann dann die Zeit seines expansiven Wirkens, seiner sich über Jahre hinziehenden soziometrischen Experimente und Untersuchungen in Heimen, Gefängnissen und Kliniken. Sie fand einen Abschluß mit dem Buch »Who Shall Survive?« oder »Die Grundlagen der Soziometrie«[14] und mit der Eröffnung des Institutes für Soziometrie und des New Yorker Theaters für Psychodrama 1942.

Folgte Moreno seinem nach außen gewandten Wesen, seiner extravertierten Einstellung, wenn er den Weg in die Weite suchte und nach Amerika ging, ins Land der unbegrenzten Möglichkeiten? Oder war es ein Ausweichen vor der inneren Nötigung, sich theoretisch, philosophisch analysierend mit den von ihm aufgestellten Postulaten und Axiomen sowie mit den Divergenzen zwischen seinen und anderen psychotherapeutischen Gedanken auseinanderzusetzen?

Seinem Wesen gemäß argumentierte er nicht in Worten, zum Beispiel gegen Freud und die Psychoanalyse, sondern setzte dagegen seine Art zu handeln. Er blieb dem treu, was für ihn den »höchsten Wert« darstellte, und ging um der »zwischenmenschlichen Beziehungen«[15] willen, die er erforschen wollte, seiner Arbeit mit Gruppen und der Untersuchung der Gruppendynamik weiter nach.

Erst in den Vereinigten Staaten hat er die schon in Wien begonnenen Versuche mit sozialen und therapeutischen Gruppen zu großangelegten Experimenten erweitert und wissenschaftlich untermauert durch vieljährige Untersuchungen in Erziehungsheimen, Gefängnissen und Kliniken.

1932 führte er den dort praktisch erprobten Begriff »Gruppenpsychotherapie« ein und wurde in immer breiterem Rahmen bekannt als Begründer der Soziometrie, der Gruppenpsychotherapie und des Psychodramas. Er baute ein eigenes Zentrum auf, führte Psychodramabühnen in Kliniken ein, gründete in New York ein Moreno-Institut und wurde nach 1954 auch international bekannt durch Vorträge und Demonstrationen von Psychodrama: angefangen 1954 bei der Lindauer Psychotherapie-Woche und danach auf vielen Psychodramakongressen in verschiedenen Ländern.[16]

Morenos therapeutische Vorstellungen beschränkten sich

nicht auf Individuen in kleinen Gruppen. »Ein wirklich therapeutisches Verfahren kann als Endziel nichts Geringeres als die ganze Menschheit im Auge haben.«[17] Dies schien ihm möglich aufgrund der von ihm entwickelten Soziometrie. Durch den soziometrischen Test können soziale Strukturen bestimmt werden, indem Anziehungen und Abstoßungen zwischen Angehörigen einer Gruppe genau gemessen werden, und »ist die soziometrische Geographie einer Gemeinschaft bildhaft klar geworden, so können viele soziale Spannungen durch Umgruppierungen gelöst werden«[18].

Morenos Theorien hatten sich aus seinen religiösen Ideen hergeleitet und hatten ihn zur Tat gedrängt. Ihm galt das Wort wenig, die Tat alles. So sagte er anstatt »Im Anfang war das Wort . . .«: »Im Anfang war die Tat.« Alles innere Erleben wie alle theoretischen Erkenntnisse wurden in äußere, sichtbare Handlung umgesetzt; und Psychodrama nannte er – wie gesagt – »die Methode, welche die Wahrheit der Seele durch Handeln ergründet«[19].

Moreno selbst sieht sein Leben in drei Abschnitten: In den Jahren in Europa war in ihm der Erlebens- und Erfahrungsgrund entstanden, auf dem er in Amerika bis ca. 1942 sein Werk aufbaute und erweiterte. Die Zeit danach galt der Verbreitung seiner Ergebnisse: der Soziometrie, der Gruppentherapie und vor allem des Psychodramas.

Wäre Moreno heute zufrieden, wenn er von der globalen Verbreitung des Gruppentherapie-Booms wüßte? Ich fürchte: nein. Er unterschied mit Nachdruck allgemeine Gruppenunternehmungen, in denen es – nebenbei – auch zu therapeutischen Wirkungen kommen kann, von Gruppenpsychotherapie, die ein wissenschaftlich fundiertes Instrument darstellt und nur von einem erfahrenen Therapeuten sinnvoll gebraucht werden kann; und hier wiederum ganz besonders vom Psychodrama, dessen Entwicklung als psychotherapeutische Methode ihm ein besonderes Anliegen war. Moreno äußerte Zweifel, ob das Psychodrama in seinem Sinn noch therapeutisch wirken könne, wenn es – durch überhandnehmende Abwandlungen durch andere Schulen – ganz von seiner Theorie und von dem religiösen Hintergrund, auf dem er es sah, gelöst würde. Darum müßte es ihn besonders schmerzen, wenn das Psychodrama nur noch in doppelter Verwurzelung, Medizin und Soziologie, gesehen wird, nicht aber im religiösen Bezug des Menschen zum »Kosmos«, zum »Zentrum« oder zu seinem Selbst.

Wie als Gegengewicht zu seinem bewegten äußeren Leben hatte Moreno in Beacon, N. Y., in dichten Wäldern am Hudson sein Haus und ein Psychodrama-Trainingszentrum eingerichtet; scheinbar weitab vom Getriebe der Welt. Aber wenn er hier war, leitete er unentwegt Wochenendseminare, Marathon-Sitzungen, Trainingsgruppen und sah eine große Zahl von Menschen. Selbst als er hier mit ca. 85 Jahren nach mehreren Schlaganfällen bettlägerig war und wußte, daß er bald sterben würde, und als seine Frau, die ihn pflegte, nur mit Mühe Besucher fernhielt, sagte er schließlich: »Seien wir nicht so ablehnend! Jeder, der will, kann nach Beacon kommen und mich besuchen.« Und es kamen viele hundert, da sich gerade in New York die »Amerikanische Gesellschaft für Gruppenpsychotherapie und Psychodrama« versammelte, die Moreno gegründet hatte (Yablonsky).

Moreno blieb bis zu seinem Tod zu jeder »mitmenschlichen Beziehung« bereit, und im Mitmenschen war für ihn auch der weitere Kosmos einbezogen, denn jeder konnte – als »kosmisches Wesen« – eine Verkörperung oder Konkretisierung des Göttlichen sein. Er hatte 1966 auf dem Kongreß für Psychodrama in Barcelona gesagt: »Gott ist ewig in und um uns – wie für die Kinder. Steigt er nicht mehr vom Himmel herab, so kann er doch durch die Bühnentür treten.« . . . und: »Gott ist nicht tot. Er lebt im Psychodrama.«[20]

Moreno blieb bis zu seinem Tode Spielleiter seines eigenen Psychodramas: Als er 1974 durch die Schlaganfälle nicht nur bettlägerig und im Sprechen behindert worden war, feste Speise ihm nur noch Schmerzen bereitete und er spürte, daß er ohnehin bald sterben würde, beschloß er, das Ende nicht hinauszuzögern. Von da an aß er nicht mehr und trank nur noch klares Wasser.

»So verbrachte Moreno seine letzten Tage im Bett aufgestützt, während seine früheren Schüler, seine Freunde und

Kollegen zu Hunderten, einer nach dem anderen, in sein Schlafzimmer kamen. Jeder Besucher brachte achtungsvoll seinen Abschiedsgruß dar, wechselte mit Moreno ein paar Worte der Sympathie und beugte sich dann über das Bett, um Moreno zu umarmen. Dann hob Moreno die Faust zu einem ›Power‹-Gruß . . ., wie um zu sagen, jetzt sei der andere dran, mit der guten Sache weiterzumachen.«[21]

So schloß sich der Bogen von Morenos erstem von ihm inszenierten Psychodrama und seinem letzten.

Moreno starb am 14. Mai 1974.

Carl Gustav Jung

C. G. Jung wurde am 26. Juli 1875 in Kesswil am Bodensee, im Kanton Thurgau, geboren. Die Schweiz blieb sein Leben lang sein äußerer Rahmen.

Kindheit, Jugend und Studienzeit verbrachte er in und bei Basel; später lebte er in Küsnacht bei Zürich.

Die Eltern Jungs stammten beide aus intellektuellen Familien. Sein Vater wurde Landpfarrer in drei verschiedenen Gemeinden in der Nähe von Basel; er hatte noch zwei Brüder, die auch Pfarrer waren. In der Familie der Mutter gab es gleich sechs Pfarrer, von denen besonders der Vater der Mutter ein bekannter Theologe war.

Der Großvater väterlicherseits, den Jung nicht mehr gekannt hat, dessen Namen *Carl Gustav* er aber trug und dem er sich sehr verwandt fühlte, war in Basel eine beinahe legendäre Gestalt. Von Alexander von Humboldt der Basler Universität empfohlen, war C. G. Jung der Ältere von Deutschland eingewandert und Schweizer Bürger geworden. Er übernahm mit 28 Jahren einen Lehrstuhl für Anatomie, Chirurgie und Geburtshilfe und wurde später Rektor der Universität. Er schrieb wissenschaftliche Abhandlungen ebenso wie Theaterstücke.

So war Jung schon von Geburt an in das Spannungsfeld von Religion, Natur- und Geisteswissenschaft gestellt und begegnete Themen, die ihn sein Leben lang beschäftigten.

Er soll – wie sein Großvater – ein sehr herzliches, aufgeschlossenes Wesen gehabt haben und mit seinem Charme schnell die Zuneigung seiner Mitmenschen gewonnen haben. Sein Lachen in verschiedener Modulation ist fast legendär geworden, ebenso seine Freude an heiteren Festen.[22]

Jung selber beschreibt sich in seiner Biographie dagegen als von Kindheit an nachdenklich und grüblerisch. Er war von einem großen Erkenntnisdrang besessen und wurde von früh an durch seelische Erlebnisse gefesselt und zu dem jeweils nächsten Schritt auf seinem Weg veranlaßt.

In seiner Autobiographie erzählt er einen großen Traum, den er schon mit drei bis vier Jahren geträumt, aber aus Ehrfurcht vor dem Besonderen (von dem er wußte, daß andere es doch nicht verstehen würden) niemandem erzählt hatte. »Durch diesen Kindertraum wurde ich in die Geheimnisse der Erde eingeweiht ... Damals hat mein geistiges Leben seinen unbewußten Anfang genommen« (S. 21/22 a). Was er in seinem Traum gesehen hatte, blieb ihm das Leben lang ein »unterirdischer und nicht zu erwähnender Gott« (S. 19), ein »unterirdischer Gegenspieler« zu dem von der Umwelt gepredigten »hêr Jeses«. Sein Traum hat ihn erschreckt und ließ ihn darum nicht wieder los.

Später sagte er: »Meine ganze Jugend kann unter dem Begriff des Geheimnisses verstanden werden. Ich kam dadurch in eine fast unerträgliche Einsamkeit ... So war damals schon meine Beziehung zur Welt, wie sie heute ist: Auch heute bin ich einsam, weil ich Dinge weiß und andeuten muß, die die anderen nicht wissen und meistens auch gar nicht wissen wollen« (S. 47).

Während Morenos Kindheitserlebnisse ihn zu der Welt der anderen Kinder trieben, um sie mit ihnen zu teilen, führten schon Jungs früheste seelische Erlebnisse ihn zur Introspektion, zum Nachsinnen und aus der Gemeinschaft der Dorfjugend hinaus. Jung wie Moreno wurden früh vom Numinosen angezogen, beide setzten sich von Kindheit an mit »kosmischen« Fragen auseinander; Moreno in expressiver, expressionistischer Form; Jung in der ihm eigenen introvertierten Art: Er bewahrte sie in seinem Herzen und Sinn, grübelte und ließ seine Erlebnisse reifen, bis er später ihren Zusammenhang erfaßte. »Sie sind wie die einzelnen Schoße eines unterirdischen, zusammenhängenden Rhizoms. Sie sind wie die Stationen eines unbewußten Entwicklungsganges« (S. 33).

Ein eindrückliches Beispiel blieb für Jung das Erlebnis einer spielerisch spontan vollzogenen Handlung, die ihm aus größter innerer Zerrissenheit und Unsicherheit heraushalf – und die er erst 35 Jahre später wieder erinnerte und dann erst verstand und selber deutete. Er schnitzte eine kleine Holzfigur, ein Männlein in »Gehrock, Zylinder und blankgewichsten Schuhen«. Er hüllte es in Wolle, legte ihm einen bemalten Stein bei und verschloß es in einer gelblackierten Federschachtel, die er in den Dachbalken des obersten Estrichs versteckte. »In allen schwierigen Situationen ... stieg ich heimlich ... auf den oberen Estrich, ... öffnete die Schachtel und schaute mir das Männchen und den Stein an. Dabei legte ich auch jedesmal ein kleines Papierröllchen hinein, auf das ich vorher etwas geschrieben hatte. Das tat ich während der Schulstunden in einer von mir ersonnenen Geheimschrift. Es waren Papierstreifen, dicht beschrieben, die aufgerollt und dem Männchen zur Verwahrung übergeben wurden. Ich erinnere mich, daß der Akt der Einverleibung eines neuen Röllchens stets den Charakter einer feierlichen Handlung trug. Leider kann ich mich nicht entsinnen, was ich dem Männchen mitteilen wollte. Ich weiß nur, daß meine ›Briefe‹ für ihn eine Art Bibliothek bedeuteten« (S. 28).

Diese Episode »bildete den Höhepunkt und Abschluß meiner Kindheit ... Danach trat eine völlige Erinnerungslosigkeit für das Ereignis ein, die bis zu meinem 35. Jahre andauerte. Damals stieg aus dem Nebel der Kindheit dieses Erinnerungsstück in unmittelbarer Klarheit wieder auf« (S. 29). Jung erkannte dann im Zusammenhang mit Vorarbeiten zu seinem Buch »Wandlungen und Symbole der Libido«, daß es in verschiedenen Kulturen »Seelensteine« gegeben hatte und daß sein Männchen ein kleiner verhüllter Gott war, wie er »auf manchen Darstellungen bei Äskulap steht und ihm aus einer Buchrolle vorliest. – Mit dieser Wiedererinnerung kam mir zum ersten Mal die Überzeugung, daß es archaische seelische

Bestandteile gibt, die aus keiner Tradition in die Individualseele eingedrungen sein können« (S. 29).

Ebenso wie Moreno war Jung mit Andacht und Hingabe in seine Spiele versunken, aber im Gegensatz zu jenem konnte er es nicht ausstehen, wenn er dabei beobachtet oder beurteilt wurde – was man sich angesichts so gearteter Spiele gut vorstellen kann. Hier zeigt sich schon im Kindheitsalter die verschiedene Einstellung des Extravertierten und des Introvertierten.

Dies wurde ein Thema, dem Jung nach seiner Trennung von Freud zum besseren Verständnis ihrer persönlichen Schwierigkeiten in dem Buch »Psychologische Typen« (1921) auf den Grund ging (und es hätte auch eine Auseinandersetzung zwischen der Einstellung Jungs und der Morenos sein können, hätte er diesen gekannt). Zunächst machte er überhaupt erst einmal die grundsätzliche Unterscheidung von Extraversion und Introversion und benannte sie mit den inzwischen so geläufigen Termini. Das bewußte Interesse des Introvertierten wendet sich primär und spontan der eigenen Innenwelt zu. »Der Umgang mit sich selbst ist ihm Vergnügen. Seine eigene Innenwelt ist ein sicherer Hafen, ein ängstlich gehüteter ummauerter Garten, vor aller Öffentlichkeit und zudringlichen Neugier geborgen. Seine eigene Gesellschaft ist ihm die beste.« Das bewußte Interesse des vorwiegend Extravertierten gilt dagegen primär der Außenwelt. »Das menschliche Leben dieses Typus spielt sich gewissermaßen außerhalb seiner selbst, in seiner Umgebung ab. Er lebt in und mit andern; der Umgang mit sich selber aber ist ihm unheimlich.«[23]

Im weiteren kam Jung zu der Unterscheidung von vier verschiedenen »Orientierungsfunktionen«, von denen jeder Mensch *eine* als Hauptfunktion zur Verfügung hat und sie bewußt einsetzen kann: das Denken, das Fühlen, die Intuition und die Empfindung (oder das Wahrnehmen). Denken – Fühlen und Intuition – Empfindung stellen gegenpolige Funktionen dar. Sie sind in Gefahr, einander auszuschließen. Besonders die der Hauptfunktion entgegengesetzte Funktion ist am schwierigsten bewußt zu erreichen und zu entwickeln.

Darum wird sie von Jung »minderwertige Funktion« genannt. Die beiden anderen können dagegen als »Hilfsfunktionen« von der bewußt gebrauchten Einstellung und Hauptfunktion besser einbezogen werden.

Die Einsicht in die verschiedenen Formen von Einstellung (Extra-Introversion) und Typus erleichtert es, die Mitmenschen nicht nur in ihrer Andersartigkeit – das heißt in ihrer anderen Art, zu erleben und zu reagieren – zu *akzeptieren*, sondern sich sogar eine Vorstellung davon zu machen, daß sie die Welt tatsächlich ganz anders sehen und erleben als man selbst und daß sie sich darum auch anders verhalten *müssen*.

Dabei gilt es auch aus der Sicht dieser Typologie, daß der einzelne im Laufe des Lebens die primär weniger oder gar nicht zur Verfügung stehenden Funktionen sich allmählich bewußtmachen und sie üben muß; daß ein primär Extravertierter auch zu Introversion Bereitschaft und Fähigkeit entwickeln sollte und umgekehrt. Es genügt also nie, zur Diagnose eines Typus zu kommen. Die Aufgabe eines jeden fängt dann erst an und besteht in der Auseinandersetzung mit sich selbst, um zu einer Übung und Entwicklung der nicht benutzten, weil bis dahin unbewußten Einstellung und Funktion zu kommen.

Jung beschäftigte sich mit dieser Thematik erst, nachdem er sich aus der gemeinsamen psychoanalytischen Forschungsarbeit mit Freud zurückgezogen hatte, die zu grundsätzlichen Differenzen in ihren Auffassungen geführt hatte, unter anderem gerade weil Freud und Jung so verschiedene Typen verkörperten. Jung betrachtete sich selbst als introvertierten Denktyp und Freud als extravertierten Fühltyp.

Nach der Zeit der Dorfschule war Jung in Basel zum Gymnasium gegangen. Dies war eine schwierige Zeit für ihn. Er hatte keinen guten Kontakt zu den Mitschülern, und auch die Lehrer konnten mit ihm nicht viel anfangen, ja sie hielten ihn für »dumm und verschlagen«, wie er schreibt.

Die äußeren Fakten seines Lebens interessierten ihn schon damals wenig. Bewegt wurde er durch psychische Erlebnisse: Träume, Phantasien, Spiele, Gedanken, die er sich von Kindheit an zu allem machte, was ihm in seiner Seele begegnete.

»Die Begegnungen mit der anderen Wirklichkeit, der Zusammenprall mit dem Unbewußten, haben sich meinem Gedächtnis unverlierbar eingegraben. Da war immer Fülle und Reichtum, und alles andere trat dahinter zurück« (S. 11). Er konnte sich damals aber niemandem mitteilen und galt als empfindlich, nervös, unzugänglich.

1895 begann Jung in Basel das Medizinstudium (sein Vater starb ein Jahr danach) und schloß es in fünf Jahren ab. Er beschäftigte sich auch zu jener Zeit weiter mit Philosophie, Geschichte, Psychologie – und Okkultismus. (Zu diesem Thema schrieb er seine Dissertation.) Am Ende des Studiums war er entschlossen, sich der Psychiatrie zuzuwenden.

Er ging nach Zürich, um freie Bahn zu haben: Hier war weder er selbst noch seine Familie bekannt. Er habilitierte sich mit 30 Jahren an der Universitätsklinik »Burghölzli«, wurde erster Oberarzt und war als Mitarbeiter von Eugen Bleuler vor allem wegen seiner Ergebnisse bei der Erforschung des »Assoziationsexperimentes« bei Schizophrenen geschätzt.

Gerade in Parallele zu Moreno sind diese experimentellen Untersuchungen mit dem Wort-Assoziationstest interessant: Versuchte Moreno, emotionale Anziehung und Abstoßung in *zwischenmenschlichen* Beziehungen zu erfassen, um daraufhin zu einer Therapie eines sozialen Gefüges zu kommen (und erfand damit die Soziometrie), so maß Jung mit damals modernsten technischen Hilfsmitteln (Galvanometer und Pneumograph) die emotionalen Reaktionen auf »gestörte« *intrapsychische* Beziehungen. »Gestörte« Assoziationen bei bestimmten Wörtern hatten immer auch körperliche Reaktionen zur Folge, die auf nicht zum Bewußtsein kommende Emotionen rückschließen ließen. So kam Jung zu dem Ergebnis der sogenannten »gefühlsbetonten Komplexe«, Herde psychischer Störung, die einen möglichen Ansatz zur individuellen psychotherapeutischen Behandlung zeigten.

Es folgten von 1907 bis 1912 die Jahre der Zusammenarbeit und Freundschaft mit Freud, Jungs Auseinandersetzung mit der Psychoanalyse.

Schon bei der Beobachtung psychotischer, vorwiegend schizophrener Patienten im Burghölzli war es Jung gelungen, auch in Wahnideen und Halluzinationen, die bis dahin für absolut sinnleer gehalten worden waren, einen symbolischen Sinn zu entdecken und diesen mit Hilfe der psychoanalytischen Methode zu entschlüsseln. Dabei stieß er aber auch auf Material, das nicht aus der individuellen Psyche und Lebensgeschichte des Patienten stammen konnte.

Einerseits vertiefte und engagierte Jung sich aufs intensivste in Freuds Lehren und Erkenntnisse; er wurde nicht nur Freuds engster Mitarbeiter und Freund, sondern auch voraussichtlicher Nachfolger des 19 Jahre Älteren, war sein »Kronprinz«, wie es hieß. Andererseits brachte er von Anfang an aus seiner eigenen psychiatrischen und psychologischen Erfahrung Kenntnisse mit, die nicht in allen Punkten mit den Ansichten Freuds übereinstimmten.

Ein persönliches Beispiel wäre – wenn er es damals erinnert hätte – das Männchen und der Stein, die in psychoanalytischer Sicht – wie Jung später selber schrieb – nur als »quasi sexuelle Gegenstände« zu deuten waren (S. 29), die er aber von Anfang an anders erfahren hatte und später anders deutete: als »Libido« in *seinem* Sinn, als seelische Energie, als Schaffensimpuls. Er erkannte in dem verhüllten Männlein einen Kabiren[24], der durch den länglichen schwärzlichen Stein mit einem Vorrat von Lebenskraft, »Libido«, versehen war. Libido bedeutete für Jung nicht nur sexuelle Energie, sondern psychische Energie ganz allgemein; schöpferische Kraft und schöpferischen Impuls, was Freud nicht akzeptieren konnte.

An diesem unterschiedlichen Verständnis des Libidobegriffs verdeutlichten sich die grundsätzlich verschiedenen Auffassungen der psychischen Energetik wie der Bewertung unbewußter Inhalte. Nach der Veröffentlichung von Jungs »Symbole und Wandlungen der Libido« (1912) zerbrach nicht nur die Zusammenarbeit, sondern auch die Freundschaft mit Freud.

So wie Moreno die äußere Enge der Freudschen Behandlungsbasis nicht genügte (die »Couch als zweidimensionaler Raum«), sondern es ihn zur Weite des Handelns im Raum drängte, zur »Weite des Kosmos«, der in die Therapie geholt werden muß, so genügte Jung Freuds Einschätzung des Unbewußten als biographisch bedingter Eigenanteil nicht. Es führte ihn zu tieferen Wurzeln des Unbewußten, in »kosmische Tiefe«.

In den Jahren bis 1912/13 hatte Jungs Wirkungskreis sich stark ausgeweitet. Er machte eine brillante und beneidete Karriere: Er war erster Oberarzt im Burghölzli, direkt nach Bleuler; war Privatdozent an der Universität Zürich, wo er ab 1910 regelmäßig Vorlesungen zur »Einführung in die Psychoanalyse« hielt; er heiratete und baute 1908 ein großes, schönes Haus in Küsnacht am Zürichsee; er wurde durch seine wissenschaftlichen Arbeiten weit über die Schweiz hinaus bekannt, hielt Vorträge in den USA und in London; er spielte in der psychoanalytischen Bewegung von 1909 bis 1913 eine hervorragende Rolle, war der erste Präsident der Internationalen Psychoanalytischen Vereinigung und der leitende Herausgeber des »Jahrbuches«, der ersten psychoanalytischen Zeitschrift, die regelmäßig erschien.

Nach der Trennung von Freud kam es zu einer einschneidenden Änderung in Jungs Leben. Er suchte Abstand von seinem bisherigen Tun und Denken und mußte zu einer grundsätzlichen Neuorientierung und einer eigenen Basis seiner psychologischen Gedanken kommen. Er trat bis 1913 aus *allen* öffentlichen Positionen zurück. Danach lebte er nur noch seiner Praxis und der wachsenden Familie in seinem Haus in Küsnacht – und durchlebte vor allem in den kommenden Jahren bis 1918/19 die entscheidenden psychischen Prozesse, auf die er sein späteres Werk aufbaute.

In demselben Lebensalter, in dem Moreno nach USA ging und sich immer weiter ins öffentliche Leben hinein engagierte und mit immer größeren Gruppen zusammentraf, zog Jung sich aus dem öffentlichen Wirkungskreis zurück und begab sich in die gefahrenvolle Zeit seines Selbst-Experimentes. »Die Jahre, in denen ich den inneren Bildern nachging, waren die wichtigste Zeit meines Lebens ... Es war der Urstoff für ein Lebenswerk« (S. 203). – »Um die Phantasien zu fassen, stellte ich mir oft einen Abstieg vor ... Das erste Mal erreichte ich sozusagen eine Tiefe von dreihundert Metern, das nächste

Mal war es schon eine kosmische Tiefe. Es war wie eine Fahrt zum Mond oder wie ein Abstieg ins Leere« (S. 184). Und Jung beschreibt eine Reihe von Träumen, Phantasien, Erlebnissen. In einer Zeit besonderer Bedrängnis übergab er sich dem spontanen Spielen. Aber wie anders war dieses Spielen als bei Moreno: »Nach unendlichem Widerstand ergab ich mich schließlich darein zu spielen. Es ging nicht ohne äußerste Resignation und nicht ohne das schmerzhafte Erlebnis der Demütigung, nichts anderes wirklich tun zu können als zu spielen« (S. 177).

Über das Spiel – mit Steinen am See – tauchten Erinnerungen aus seiner Kindheit, Bau-Steine der damaligen Zeit wieder auf, die sich jetzt in einem neuen Zusammenhang verstehen ließen.

Nach außen hin bewahrte Jung völlig den Zusammenhang mit der Realität: Er ging seinem Beruf nach, tat im Krieg seine Militärpflicht als Schweizer Soldat, er lebte mit der Familie – und schien nur zurückgezogener als früher. Innerlich bewegten sich Welten und taten sich Abgründe auf. »Ich sah, daß soviel Phantasie festen Bodens bedurfte und daß ich zuerst ganz in die menschliche Wirklichkeit zurückkommen mußte. Diese Wirklichkeit war das wissenschaftliche Verständnis. Aus den Einsichten, die mir das Unbewußte vermittelt hatte, mußte ich konkrete Schlüsse ziehen« (S. 192). Jung wußte, daß er sich bemühen mußte zu zeigen, daß die Inhalte der psychischen Erfahrungen »wirklich« sind, daß es kollektive Erfahrungen sind, die sich bei anderen Menschen genauso wiederholen können – so wie er auch immer mehr Zeugnisse aus anderen Zeiten und Völkern fand, in denen ebensolches psychisches Material enthalten war.

Diese Gedanken und Erfahrungen in ein möglichst systematisches wissenschaftliches Gefüge zu bringen, das wurde dann die Aufgabe seines späteren Lebenswerkes, das als Gesamtwerk über 20 voluminöse Bände umfaßt, dazu drei Bände Briefe, abgesehen von dem Briefwechsel mit Freud, der 1974 erschienen ist.

Es ist hier selbstverständlich nicht der Ort, auf dieses Werk einzugehen. Aber einzelne Grundgedanken muß ich kurz vorstellen, denn sie sind eine grundsätzliche Voraussetzung auch für die therapeutische Einstellung in der Psychodrama-Arbeit Jungscher Analytiker. Ich will kurz auf Jungs Auffassung vom Unbewußten eingehen und auf die Begriffe Archetypus, Symbol und Projektion. Weitere Grundbegriffe erklären sich in späterem Zusammenhang mit Beispielen.

Jung wie Freud waren der Überzeugung, daß das Unbewußte nicht nur das zur Zeit nicht Bewußte ist. Sie waren sich auch einig, daß das Unbewußte der bewußten Beobachtung nicht direkt zugänglich ist, daß in ihm gerade solche »Inhalte« enthalten sind, die der bewußten Einstellung unerträglich sind oder waren und darum »verdrängt« werden mußten. Sie wurden vom Bewußtsein ausgelöscht, indem sie ins Unbewußte verstoßen wurden. Dort aber führen sie ein Eigenleben weiter. Darum wirken sich solche Inhalte des Unbewußten störend aus. Sie machen sich in Fehlleistungen, in Irritationen verschiedener psycho-somatischer Art bemerkbar (zum Beispiel in Erröten). Es ist für die seelische Gesundheit notwendig, sich durch diese »verdrängten« Inhalte – wenn sie sich störend bemerkbar machen – beunruhigen zu lassen, sie schließlich zur Kenntnis zu nehmen und zu versuchen, sie dem Bewußtsein anzuschließen, das heißt zu »integrieren«.

Jung hatte aber schon von seiner frühen Assistenzarzt-Zeit bei Bleuler an auch eine andere Schicht des Unbewußten erfahren. Bei der Beobachtung psychotischer Ideen und Bilder und später bei Patienten ebenso wie anhand eigener Erfahrungen erlebte er, daß das Unbewußte weit über verdrängte Ereignisse oder Bedürfnisse des individuellen Lebens hinausreichte. Neben diesem sogenannten »persönlichen Unbewußten« waren ihm Inhalte aus dem Unbewußten begegnet, die unmöglich aufgrund persönlicher Erfahrungen oder abgewehrter Kenntnisse zustande gekommen sein konnten. Er entdeckte, daß jeder Mensch teilhat an seelischen Bereichen, die nicht an persönliche Zeit und persönlichen Raum gebunden sind; die nicht persönlich Verdrängtes darstellen, sondern im Gegenteil einen Vorrat an noch nie Gekanntem oder Erfahrenem enthalten. Er nannte diese tiefen oder weiten »Bereiche« des Unbewußten (die sich natürlich nicht »lokalisieren« lassen) *das kollektive Unbewußte.* In diesem sah Jung nichts Lebensfeindliches, Gesundheitsbedrohendes, sondern im Gegenteil einen Nährboden menschlicher Erfahrungsmöglichkeiten, der das menschliche Bewußtsein überragt und ihm zugleich präexistent ist. Es kommt darum für die leib-seelische Gesundheit des Menschen darauf an, daß das Bewußtsein mit diesem Wurzelboden verbunden bleibt beziehungsweise wieder neu in Kontakt kommt. Das Bewußtsein muß sich immer von neuem rückbeziehen auf diesen Nährboden – wie das zum Beispiel im Schlaf, im Träumen der Fall ist.

Es geht also nicht um ein »Aufarbeiten«, das heißt »Wegarbeiten« dieses Unbewußten zugunsten einseitiger autonomer Bewußtheit, sondern im Gegenteil um eine möglichst lebendige, realistische Beziehung zwischen dem Bewußtsein und dem Unbewußten. – Und um die Wiederherstellung einer solchen realistischen Beziehung geht es zum Beispiel in vielen, wenn nicht den meisten Psychodramen, denn erst im Zusammenfallen unbewußter und bewußter Ebenen kann auch im Psychodrama der ganze Mensch erfaßt werden, in seiner bewußten Identität *und* seinen unbewußten Anteilen.

Bei der Bearbeitung des reichen Materials aus dem kollektiven Unbewußten, das Jung zusammengetragen hatte, zeigten sich gewisse wiederkehrende Strukturen oder Strukturelemente, die zu entsprechenden wiederkehrenden Bilderungen führten. Diese die Bilder wie die Erfahrungen prägenden Strukturen nannte er *Archetypen* (Ur-Bilder), die archetypische Vorstellungen evozieren, bewirken können.

Die Archetypen, Strukturen der Psyche, sind also selber noch nicht inhaltlich bestimmt. »Der Archetypus ist ein an sich leeres, formales Element, das nichts anderes ist als ... eine a priori gegebene Möglichkeit der Vorstellungsform. Vererbt werden nicht die Vorstellungen, sondern die Formen.«[25]

Als Parallele hierzu verwies Jung auf die Instinkte. Sind Archetypen ererbte Erlebensmuster, so Instinkte ererbte *Verhaltens*muster. Auch sie sind in sich selber unanschaulich und erst in den durch sie ausgelösten Instinkt*handlungen* zu erkennen. Es wird nicht das archetypische Bild vererbt, sondern die strukturgebundene Möglichkeit, psychisches Erleben immer wieder in gleichen Bildern zu erfahren. Aber: »Man darf sich keinen Augenblick der Illusion hingeben, ein Archetypus könne schließlich erklärt und damit erledigt werden« (wie etwas persönlich Verdrängtes). »Auch der beste Erklärungsversuch ist nichts anderes als eine mehr oder weniger geglückte ›Übersetzung‹ in eine andere Bildsprache.«[26]

In diesem Sinne kann man Psychodrama als eine Übersetzung archetypischer Inhalte in eine andere Bildsprache verstehen: in die Sprache konkreter leiblicher Gestalt und Handlung. Was wir anschauen und erleben können, sind nie die Strukturelemente, die das Psychodrama prägen, sondern immer nur das Geprägte, das archetypische Bild. Ein solches ist ein Symbol.

Symbole sind weder Zeichen, Chiffren noch Verschlüsselungen geheimnisvoller Inhalte, sondern – in sinnlich wahrnehmbarer Gestalt – Repräsentanten wirkender Mächte. Sie stehen nicht für sich selbst, sondern haben hinweisenden Charakter. Darum wird der Mensch, der einem Symbol begegnet, emotional bewegt, von der Mächtigkeit einer Wirkkraft berührt, auf die das Symbol weist.

In Träumen – und in vielen Psychodramen – begegnen wir zum Beispiel solchen Gestaltungen: Bildern oder Handlungen, die Symbolcharakter haben, die wir nicht »einfach« in eine andere Sprache »übersetzen« und damit verstehen können, sondern die gerade durch diese Gestalt, diesen Ablauf unser Gemüt bewegen und uns in Bewegung bringen.

Unter diesen Voraussetzungen kann man sagen, daß wir im eingangs erzählten Psychodrama einerseits einer Reihe unbewußter Inhalte, die aus dem »persönlichen Unbewußten« stammten, begegneten; andererseits aber auch Symbolen, zum Beispiel in der Gestalt des Hauses, der Mutter, des Vaters, der »Hexe«. Um das besser verstehen zu können, ist es nun noch nötig, uns dem Begriff der »Projektion« zuzuwenden.

Projektionen stellen sich in jedem Menschen zu jeder Zeit unwillkürlich ein: zwangsläufig, selbsttätig; das heißt unbewußt. Es sind unbewußte Prozesse, in denen innerseelische

Inhalte hinausverlegt, hinaus»geworfen« (nämlich pro-jiziert) werden auf reale Gegenstände oder Personen; wie ein Bild, das auf eine Leinwand projiziert wird. Erst dort kann der ursprünglich unbewußte Inhalt vom Bewußtsein »gesehen«, wahrgenommen, erlebt werden.

»Da das Bewußtsein nicht in seinen unbewußten Innenraum hineinzuschauen vermag, ist es darauf angewiesen, daß aus diesem Innenraum einige Strahlen herausdringen und auf eine geeignete Unterlage treffen; dann erst sieht das Bewußtsein auf dieser Unterlage, also auf dem Projektionsträger, ein Abbild von dem, was aus seinem eigenen unzugänglichen Innenraum stammt.«[27]

Wenn uns etwas – sei es ein Gegenstand, ein Mensch, eine Handlung – in der Außenwelt emotional stark anspricht, unser Gemüt positiv oder negativ »bewegt«, dann weist das auf den Symbolcharakter hin, den das äußere Erscheinungsbild für uns enthält: Es weist auf eine Kraft – oder Struktur – hin, die nicht in ihm selber liegt, sondern aus der (unbewußten) Seele des Menschen stammt, die erst in der Begegnung mit der Außenwelt Eigenanteile an den dort erfahrenen Inhalten erkennt – oder erkennen könnte.

In kollektiven Symbolen, zum Beispiel Kreuz, Perle, Taufe, Abendmahl, findet die Psyche des einzelnen sozusagen Projiziertes oder Gestaltetes, das aus der Kollektivseele der Menschheit, dem kollektiven Unbewußten stammt, in das sie sich anpassend hineinschmiegen kann, um gegebenenfalls zu gegebener Zeit zu der Erkenntnis des persönlichen Eigenanteils an dem kollektiven Symbol zu kommen.

Es geht im Bewußtwerdungsprozeß ganz allgemein und in Konfliktsituationen oder bei Ereignissen, die uns stark bewegen, im besonderen darum, den Eigenanteil an dem Erlebten zu realisieren. Das heißt: im Fremden das Eigene erkennen – und damit die Projektion »zurücknehmen«. Erst dann können wir in einem uns gegenüberstehenden Menschen einigermaßen »objektiv« den wirklich anderen erkennen, der sich für uns nicht mit unserem Eigenleben, unseren psychischen Strukturen vermischt.

Symbole – oder archetypische Bilderungen – können nicht

»übersetzt«, sondern nur erfahren werden. Sie drängen sich autonom, energiegeladen auf und sind darum wirksam.

Der einzelne Mensch kann dann ein sehr verschiedenes Verhältnis zu den Symbolen oder Projektionsträgern haben: Bei schwachem Ich-Bewußtsein wird er sich den guten oder bösen Mächten, denen er im Symbol begegnet, ausgeliefert fühlen. (So das Kind, der »Primitive«, mancher Erwachsene; die Frau des angeführten Psychodramas zum Beispiel in bezug auf die versteckte Frau, die »Hure« oder »Hexe«.) Man sollte und kann aber versuchen, dem hinweisenden Charakter des Symbols zu folgen: seine Wirkung zu »umkreisen«, um es schließlich in seinem größeren Zusammenhang zu erkennen und dem Bewußtsein anzuschließen. Das bedeutet, den Eigenanteil an der Wirkung des Projektionsträgers zu erkennen und in die eigene Verantwortung zurückzunehmen.

Das ist eines der Ziele der Psychodrama-Methode.

Für Jung wurde die Auseinandersetzung des wissenschaftlich geschulten Geistes mit den Strukturen des kollektiven Unbewußten und ihren Erscheinungsformen zur Grundlage seines Lebens und Werkes. Sein ganzes Leben spielte sich in diesem Spannungsfeld ab. (1928 erschien sein Buch »Die Beziehungen zwischen dem Ich und dem Unbewußten«.)

Ein äußeres Bild dafür sind die zwei Häuser, die er besaß. Zu dem großen in Küsnacht, in dem er seine Praxis hatte, wo er mit seiner Familie, zu der fünf Kinder gehörten, lebte und wo er im Laufe der Jahre immer mehr Gäste und Gesprächspartner empfing, kam ein zweites am oberen Ende des Zürichsees. 1923 hatte er dort in Bollingen Land gekauft, 1928 einen Wohnturm bauen lassen, den er später – zum großen Teil eigenhändig – erweiterte. Es kamen ein zweiter Turm, ein Mittelbau, Mauer, Loggia, Innenhof hinzu; und heute steht er in der endgültigen Gestalt wie ein Burggehöft, von großen Bäumen überschattet, am See. Dorthin zog Jung sich in seiner Freizeit zurück, zur Arbeit an seinem – der Öffentlichkeit entzogenen – Eigen-Erleben.

In Küsnacht – und von dort weiter nach Zürich und in die Welt hinein – spielte sich das öffentliche Leben ab, das ihm viele Ehren, Doktor- und Professorentitel, eine reiche Lehrtätigkeit, Vortrags-, Forschungsreisen und so weiter einbrachte. In Küsnacht wurde er an seinem 85. Geburtstag noch zum Ehrenbürger ernannt (was in der Schweiz etwas sehr Seltenes ist).

In Bollingen dagegen hatte der »andere Teil« seine Wurzeln, da öffnete die »andere Welt« ihre Tore. Dort war Natur; dort tauchte er in die Elemente ein: Wasser – Erde, Stein und Holz – Seeluft, Wolken, Wind – Feuer, an dem er sein Essen kochte. Hier war Wurzelbereich, »Nährboden«.

Was sich im Bild der zwei Häuser widerspiegelt, verkörperte er in sich selbst: lebendigen Austausch von Innen- und Außenwelt, von (vormals) Unbewußtem, das er in wissenschaftliche Zusammenhänge brachte, und wieder *Rück*bezug auf die Ströme des kollektiven Unbewußten, das er immer von neuem in faßbare Bahnen lenkte.

Im Alter wurde Jung körperlich schwach, aber er blieb wachen Geistes. Die vielen Besucher, die auch zu ihm kamen, faszinierte er mit seinen Reflexionen über die Geheimnisse der menschlichen Seele.

Jung starb am 6. Juni 1961.

Das »klassische« Psychodrama nach J. L. Moreno

Moreno selbst hat die Methode des Psychodramas zu verschiedenen Zeiten immer wieder neu und mit gewissen Abwandlungen dargestellt. Ich will hier das sogenannte klassische Psychodrama kurz referieren. In den verschiedenen Psychodrama-Büchern, die es heute gibt, findet man recht divergierende Beschreibungen, je nach der psychologischen Ausrichtung der Therapeuten oder dem Bereich, in dem es angewandt wird.[28]

Das ursprünglichste war das Psychodrama im Augarten in Wien, dann das Psychodrama am Krankenbett oder Krankheitsherd: in der Familie, in der Arbeitsgruppe, im Lager, im Heim und schließlich in der Klinik. Dabei ist Moreno den einzelnen wichtigen Momenten, die er in Begriffen wie »Spontaneität« und »Kreativität«, »hic et nunc« etc. faßte, nachgegangen und hat seine Theorien der Gruppentherapie und des Psychodramas darauf aufgebaut.

Moreno hat im wesentlichen drei Formen von Psychodrama entwickelt: das Protagonist-zentrierte, in dem das Problem *eines* Gruppenmitgliedes in einer ganzen Psychodramasitzung be-handelt wird; das Gruppen-zentrierte Psychodrama, das sich aus Interaktions- oder anderen Problemen ergibt, die die Gruppe betreffen und die die ganze Gruppe zusammen, einschließlich des Leiters als Mitglied der Gruppe, aus-handelt; und schließlich gibt es das Problem-zentrierte Psychodrama, das Themen aufgreift, die alle bewegen. Diese können interner oder externer Art sein oder können, wie in der »Wochenzeitung« – einer in den USA eingeführten, regelmäßig abgehaltenen öffentlichen Psychodramareihe –, allgemeine Zeitprobleme aufgreifen, politische Ereignisse und anderes mehr. Ob es den einzelnen bewußt war oder nicht, waren sie durch diese Ereignisse betroffen, und eine realistische Bearbeitung in Form von Psychodrama brachte eine Klärung und sollte schädigende Einflüsse und Traumen verhindern helfen.

Diese Auseinandersetzung mit Zeitproblemen bedeutet ganz allgemein: eine Auseinandersetzung mit dem kollektiven Bewußtsein.

Wir stellen vor allem das Protagonist-zentrierte Psychodrama in den Mittelpunkt, denn es ergibt sich daraus der selbstverständlichste Bezug zur Analytischen Psychologie. Ich berichte zuerst, wie Moreno selber diese Psychodrama-Form dargestellt hat (Moreno, 1959) und beschreibe danach die noch zu seinen Lebzeiten von seinem Schüler, Freund und Mitarbeiter Dean Elefthery zusammen mit seiner Frau Doreen abgewandelte Form, in der es jetzt auch unter Jungschen Therapeuten gebraucht wird. (Dean G. Elefthery war ebenfalls Psychiater und wurde nach Morenos Tod dessen Nachfolger als »Präsident der Amerikanischen Gesellschaft für Gruppenpsychotherapie und Psychodrama«.) Diese Form des Psychodramas läßt sich besonders gut mit Jungscher Psychotherapie verbinden. Gleichzeitig sind das Grundanliegen und die theoretischen Gedanken Morenos darin besonders rein erhalten.

Moreno nennt das Psychodrama eine »Tiefentherapie«, die auf Handeln beruht, ohne dabei selber tiefenpsychologisch orientiert zu sein. Gerade in Abhebung von Freud vermied Moreno es, seine Therapieform tiefenpsychologisch – und das hieß für ihn: psychoanalytisch – zu begründen. Er konnte aber nicht umhin, sich über die Tiefen und Hintergründe der Psyche ganz grundlegende Gedanken zu machen, auf die ich im letzten Kapitel ausführlicher eingehen werde.

Seine psychodramatische Methode bedient sich fünf verschiedener »Mittel«: erstens der Bühne, des Schauplatzes; zweitens des Protagonisten oder Hauptdarstellers; drittens des therapeutischen Leiters; viertens eines Stabes von Hilfskräften, der »Hilfs-Iche« oder »auxiliary egos«; sowie schließlich fünftens des Publikums, das heißt der Gruppe als Zuschauer.

Die von Moreno eigens für das Psychodrama entworfene Bühne ist rund und erhebt sich in drei Stufen aus dem im Halbkreis darum angeordneten Zuschauerraum. Sie hat einen oberen Durchmesser von ca. vier Metern und ist von allen Seiten zugänglich. Über der Bühne erhebt sich noch eine Empore oder ein breiter Balkon. Es gibt gute Beleuchtungsmöglichkeiten mit wechselnder Lichtstärke und verschiedenen Farbtönen. Man braucht wenige Requisiten, vor allem verschiedene Stühle, die leicht erreichbar sind und nach Bedarf auf die Bühne geholt und dort aufgebaut werden können.

Die drei Stufen der Bühne stellen drei Lebenswirklichkeiten dar – und können auch den Prozeß im Psychodrama verdeutlichen. Wenn der Protagonist beschlossen hat zu spielen, löst er sich aus dem Zuschauerraum und betritt als einzelner die erste Stufe der Bühne, vom Therapeuten begleitet. Er nennt das Problem, das ihn bewegt. Auf der zweiten Stufe wird dieses Problem weiter umkreist. Es ist sozusagen eine Circumambulatio seines Themas, das schließlich auf der dritten Ebene, dem eigentlichen Spielraum, in Aktion umgesetzt wird. »Der Bühnenraum ist eine Erweiterung des Lebens« und soll »über das wirkliche Leben hinausführen«. Hier soll eine Steigerung des Lebens, eine Verdeutlichung oder eine Verwirklichung, die vorher nicht möglich war, möglich werden.

Die erhöhte Ebene der Empore gibt Raum für das den Menschen Überragende: Ideen oder Mächte, sei es Gott oder Teufel, Bedrohliches oder Heilendes.

Verschiedene Beleuchtung soll zur Verdeutlichung des Geschehens beitragen, denn es soll erhellt werden, was im Leben draußen dunkel, bedrohlich oder auch nur vage blieb. Oder es muß ins Scheinwerferlicht gerückt werden, was einmal öffentlich bekannt oder anerkannt sein möchte.

Vom Protagonisten wird erwartet, daß er sich auf der Bühne selbst darstellt, daß er sich und seine Welt zeigt. »Er soll frei handeln, wie es ihm gerade in den Sinn kommt«; er soll von sich kein Bild entwerfen. Nicht Schein gilt, sondern nur Sein, das, was und wie er wirklich ist.

Es geht um sehr konkrete Darstellung von wirklich – innen oder außen – Erlebtem. Auch wenn es Imaginationen, ja Halluzinationen waren, die einem widerfuhren, werden sie hier sehr konkret als Realitäten behandelt und dargestellt.

Hier muß der Protagonist sich nicht den Gesetzen der Außenwelt anpassen. Hier werden Leiter und Gruppe Teilhaber an *seiner* Wirklichkeit, die er sonst vielleicht mit niemandem teilen kann. »In der psychodramatischen Situation ... ist ein Maximum der Beziehung zu Menschen und Dingen nicht nur möglich, sondern wird geradezu erwartet.« – »Die ›Wirklichkeitsprobe‹ ... wird hier auf der Bühne wahrgemacht. Das ›Erwärmen‹ (warming-up) des Subjekts für die psychodramatische Darstellung wird durch verschiedene Methoden angeregt: Selbstdarstellung, Selbstgespräch, Projektion, Einschalten von Widerständen, Rollenwechsel, Doppelgänger, Spiegelmethode, Hilfswelt ...«[29]

Es geht hier nicht darum, daß der Protagonist Rollen spielt, zum Schauspieler wird, sondern daß er sich auf der Bühne so erlebt, wie er wirklich ist und wie er sich im »wirklichen Leben« entweder nicht zeigen kann oder darf – oder will.

Als drittes Werkzeug nennt Moreno den Leiter und sagt, er arbeite in dreierlei Funktion: erstens als Spielleiter, der das Drama in Gang bringt, den Protagonisten zum Spielen bewegt, dabei auf jeden Fingerzeig des Protagonisten achtend, auf daß er ihn zu einer möglichst eigenen und tiefen Begegnung mit sich und seiner Situation führen möge. Als Spielleiter muß er auch die Fühlung zwischen Protagonist und Publikum im Auge behalten.

Als Therapeut muß er zweitens den Protagonisten persönlich ansprechen, ihn herausfordern, ja angreifen oder mit ihm scherzen – oder er kann passiv werden und dem Protagonisten die Initiative überlassen. Moreno ist überzeugt, daß die Beziehung zwischen dem therapeutischen Leiter und dem Protagonisten »realistischer« zu sehen ist, als es im Rahmen einer Psychoanalyse möglich ist.

»Der Patient fühlt sich häufig bedroht, weil der Therapeut so viel von ihm verlangt ... Er will, daß er seinen ganzen Konflikt in Tat und Wort darstellt ... Er ist nicht der ruhige, passive Zuhörer, er muß selbst kämpfen, um den Patienten zur Produktion zu bringen. Die Übertragung beginnt daher manchmal von *seiner* Seite und ist überwältigend, wie im

Falle eines Mannes, der eine Frau liebt und die Initiative ergreift ... Es ist eine richtige Begegnung, ein Kampf der Geister ... Sobald der Patient begreift, in welchem Ausmaß er selber Schöpfer der Darstellung ist und die Darstellung leitet, ist er eher geneigt, mitzuwirken. Wichtiger ist aber, daß er auch begreift, daß seine Mitarbeit und das volle Durchleben seiner krankhaften Ideen einen direkten Einfluß auf den Heilungsprozeß hat. Der Kampf zwischen dem Leiter und dem Patienten ist in der psychodramatischen Situation außerordentlich wirklich. Jeder muß für den Kampf aus seinem Vorrat von Spontaneität und List schöpfen.«[30]

Als Analytiker schließlich steht der Leiter auch außerhalb des dramatischen Geschehens, gibt Anweisungen an die Hilfskräfte, nimmt Anregungen aus dem Publikum auf – das zu *Anfang* im Psychodrama noch aus Ehepartner oder Kindern, Freunden oder Nachbarn des Protagonisten bestand – und versucht, eine allgemeine Verständigung zu ermöglichen.

Das vierte Werkzeug sind die Hilfs-Iche. Sie helfen dem Leiter, indem sie, seinen Anweisungen und Anregungen folgend, seine Ziele unterstützen. Sie helfen aber vor allem dem Patienten, indem sie die ihm wichtigen effektiven oder fiktiven Personen seines Lebensraumes darstellen. Sie übernehmen die Rollen aller Mitspieler auf seiner Lebensbühne, schlüpfen in alle Projektionen, die er nennt, stellen dar, was er sich wünscht oder braucht oder womit er sich auseinandersetzen muß.

Diese Hilfskräfte waren meistens Mitarbeiter Morenos, eigens dazu ausgebildet. Da er häufig mit schwer gestörten Menschen arbeitete, konnten die Mitarbeiter nicht aus der Gruppe selbst genommen werden. Das hätte für die Rollenspieler wie für den Protagonisten eine zu starke Belastung bedeuten können.

Das fünfte Werkzeug schließlich ist das Publikum – später die Gruppe. Das Publikum dient einem doppelten Zweck. Es kann dem Patienten helfen, indem es zu einer Art Resonanzboden für ihn wird: durch Zurufe ermutigt es, feuert an, kritisiert, äußert Verständnis und agiert spontan mit. Je isolierter sich ein Patient fühlt, um so wichtiger wird ihm das Mitgehen des Publikums sein, um so wichtiger Anerkennung und Verständnis der Teilnehmer.

Das Publikum kann aber auch selbst zum Patienten werden: »Es sieht sich selbst in einem seiner *›kollektiven Syndrome‹* dargestellt.« – »Das Problem, das der einzelne hat, wird oft von allen Mitgliedern der Gruppe geteilt. Der einzelne wird zum Repräsentanten in Aktion.«[31]

Moreno vergleicht das Publikum – und später die Gruppe – mit dem Chor des griechischen Dramas. Am Anfang war der Chor eine führerlose Gruppe, die ihre Nöte, Sorgen und Meinungen austauschte. Dann nahm Thespis einen Repräsentanten des Chorus und stellte ihn als ersten Schauspieler, als Protagonisten auf die Bühne. »Äschylos wählte einen zweiten Repräsentanten des Chorus und führte so den zweiten Schauspieler ein. ... Das Psychodrama stellt die Psyche selbst und ihre Probleme auf die Bühne. ... In einer Verwandlung auf der Bühne, durch die therapeutischen ›Iche‹ personifiziert, werden ihre Probleme von der Gruppe wieder erlebt in Gestalt des Psychodramas. ... Das Psychodrama zeigt ihnen (den Beteiligten) ihre eigene Identität, ihr Selbst wie in einem Spiegel.«[32]

Das waren die fünf sogenannten Werkzeuge des Psychodramas. Zum *Ablauf* führt Moreno aus, daß es sich in drei Phasen abspielt: Die erste dient der »Lockerung« oder »Erwärmung« der Gruppe, in der ein Kontakt unter den Mitgliedern und dem Leiter hergestellt wird. Daraus ergibt sich schließlich, wer von den Anwesenden diesmal zum Protagonisten wird und welches Problem er behandeln, das heißt »spielen« möchte.

Die zweite Phase ist die Darstellung des Dramas. Der Protagonist ist die Hauptperson, der Leiter tritt jetzt mehr zur Seite, leitet aus dem Hintergrund. Andere Personen, die verschiedenen Rollen verkörpernd, treten ins Spiel ein. »Der Patient wird nicht nur in die Lage versetzt, Teilen seines eigenen Ichs zu begegnen, sondern auch allen anderen Personen, die in seinen psychischen Konflikten eine Rolle spielen. Diese Personen können wirklich oder illusorisch sein.«[33] Der Protagonist vergißt Leiter und Publikum. Die Hilfs-Iche umgeben ihn jetzt und verkörpern »die Gestalten und Symbole seiner eigenen Welt«. Er hat »im Laufe seiner Krankheit viel von seiner eigenen Energie in diese inneren Traumbilder investiert, sowohl in den Gestalten seines Vaters, seiner Mutter, seiner Frau und seiner Kinder als auch in gewissen Gebilden, die eine gesonderte Existenz in ihm führen, seine Einbildungen. ... An diese hatte er einen großen Teil seiner Spontaneität, seiner Produktivität und Kraft verschwendet. Sie haben seine Reichtümer weggenommen, er ist arm geworden, schwach und krank. Und jetzt gibt ihm das Psychodrama, wie eine Gnade Gottes, alles zurück, was er in den fremden Formulierungen seines Geistes gebunden hatte. Er nimmt seinen Vater, Mutter, Geliebte ... in sich selbst. ... Beim Vertauschen der Rollen mit ihnen erfährt er bereits viele Dinge über sie, die ihm das Leben nicht verschaffte.«[34]

Der Protagonist hat Gelegenheit, sich mit seinen konkreten Lebensschwierigkeiten, Ehekrise, Arbeitslosigkeit, Streit, Autoritätsproblemen etc., auseinanderzusetzen wie mit seinen innerlich aufgebauten oder aufgebauschten Problemen, und kann sich agierend mit seinen konkreten Antagonisten oder seinen Projektionen konfrontieren. Manchmal mag die Auseinandersetzung schmerzhaft sein, weil sie zu unangenehmen Selbsteinsichten führt – wie zum Beispiel in Morenos Kindheits-Psychodrama! Manchmal wird sie befreiend sein, weil das Leben wieder objektiver gesehen werden kann, von vielen subjektiven Täuschungen gereinigt.

Darum spricht Moreno von der Katharsis des Psychodramas und sieht in ihr den vielleicht höchsten Wert dieser Methode. Er nennt sie eine »Katharsis der Integration, eine Reinigung durch Vervollständigung«. In seinem Buch »Das Stegreiftheater« schreibt er – und bezieht sich selber später oft auf diese Stelle: »Jedes wahre zweite Mal ist die Befreiung vom ersten. ... Wiederholung eines vormals unbewußt abgelaufenen Geschehens, das jetzt quasi halb-bewußt erinnert und ins Bewußtsein gehoben wird, kann die daran gebundenen Energien befreien. ...«[35] (Beachtlich ist die Berücksichtigung des energetischen Gesichtspunktes in einer so frühen Schrift Morenos, 1923.)

Schließlich folgt die dritte Phase, in der das Theater wieder verschwindet und die Gruppe in den Vordergrund tritt. Der Patient kann sich unter Umständen jetzt als Opfer fühlen, das sich vor der Gruppe entblößt hat. Jetzt erst wird ihm die Gegenwart der Gruppe wieder richtig bewußt. Jetzt treten Protagonist und Gruppe in direkten Kontakt zueinander. Jedes Gruppenmitglied berichtet von seiner Art der Anteilnahme am Psychodrama, von seinen Gefühlen oder Erlebnissen ähnlicher Art, die wiedererinnert oder neu lebendig wurden. Nachdem der Patient sich selbst entäußert hat, bekommt er jetzt persönliche Mitteilungen aus der Gruppe als Gegengabe zurück. Er erfährt von ähnlichen Problemen der anderen – und muß sich nicht mehr ausgesondert fühlen. Oder er hört von ähnlichen Problemen, die aber ganz andere Lösungen fanden. Seine eigene Erfahrung wird erweitert und bereichert durch die der anderen. Er hört jetzt auch, wie er auf die andern gewirkt hat, wo sie mitfühlen konnten und wo vielleicht nicht, und kann sich wie in einem Spiegel sehen.

Moreno nennt das Psychodrama ein »Natur- oder Realheilverfahren«. Durch dieses kann auch der älteste Teil der Psyche wieder belebt werden, die »stummen Teile der Psyche«, die nicht von Sprache durchdrungen werden können, weil sie – in der Entwicklung des Menschen – vor der Entstehung der Sprache entstanden sind. »Wie wichtig auch die Sprache in der Entwicklung des Individuums und der Gruppe ist, sie ist immer nur die logisierte und syntaktische Form der Verständigung; zwar eine große soziale Erfindung, aber welche die frühesten Stufen der Entwicklung der Verbundenheit der Menschen und das ›vorsprachliche‹ Leben des Kindes unberücksichtigt läßt ...«[36]

Sprache bedeutet Bewußtsein; die stummen Teile stehen für Unbewußtes. Wenn dieses schon *vor* der Sprache bestand, so kann man es im Sinne des kollektiven Unbewußten verstehen. »Die psychodramatische Theorie nimmt an, daß die ›stummen‹ Teile der Psyche eine große Rolle in der Entstehung der Neurosen und der Psychosen spielen.« Und: »Es ist offensichtlich von keiner Bedeutung für die Behandlung, ob die ›Spontaneität‹ des Patienten sein ›Unbewußtes‹ genannt wird.«[36a] Da Moreno – wie gesagt – Freuds Psychoanalyse ablehnte (und von Jung offenbar nichts kannte), vermied er es, *ebenfalls* den Terminus des Unbewußten zu benutzen. Er verlegte alle psychischen Abläufe nach außen, in die Handlung, in anschaubare Realität – und meinte doch (aus unserer Sicht) gleichzeitig den Zugang zum Unbewußten, zu den »stummen Teilen der Psyche« über den Symbolgehalt der Handlung und Darstellung zu finden.

Im Psychodrama sah Moreno die ganzheitliche therapeutische Methode, die auf spontanem Handeln beruht und *alle* seelischen Ausdrucksformen einbezieht: neben dem Wort die Sprache des Körpers und die Symbolkraft der Gebärde.

Aufgrund von entwicklungspsychologischen Überlegungen kommt Moreno zu *verschiedenen Methoden* innerhalb des Psychodrama-Spiels.

Der ersten Entwicklungsphase des kleinen Kindes entsprechend – die in der Identität mit der Mutter besteht oder der »Ursprungseinheit«, wie Neumann sagt – sieht Moreno die Möglichkeit, daß ein Ich sich mit einem Du identifiziert. Und er entwickelt die Methode des *Doppelgängers*: Einer kann in der Person des anderen, stellvertretend für ihn, sprechen, fühlen, handeln; etwas ausdrücken, was der eine – vielleicht – noch nicht kann. Der »Doppelgänger« ist sozusagen die zweite Hälfte des Ich, eine mögliche Ergänzung des Ich. Es geht Moreno hier noch ganz um Identität, Sich-eins-Fühlen, und noch nicht um Identifikation, die ein feststehendes Ich bereits voraussetzt, das sich »identifizieren« kann. Die Möglichkeit der Identifizierung eines Subjekts mit einem anderen – auch mit den umgebenden Objekten – wird später im Psychodrama technisch mitverwertet und wurde vor allem von F. S. Perls in seiner Gestalt-Therapie aufgenommen und weiterentwickelt.[37]

Als nächste entwicklungspsychologische Phase sieht Moreno beim Kind die Stufe der Ich-Erkenntnis, der Erkenntnis seiner Besonderheit als Person. Diese entspricht der psychodramatischen *Spiegelmethode*. So wie das Kind sich zwar schon im Spiegel sieht, aber erst allmählich erkennt, daß es sich selber sieht, sieht der Protagonist sich in einem anderen Spieler gespiegelt und wird sich erst allmählich seiner selbst, seiner Wesens- oder Verhaltensart bewußt.

Die Spiegelmethode kann ganz einfach gehandhabt werden: als einfaches Zurückspiegeln, als Kopie bestimmter Haltungen und Ausdrucksformen etc. – oder differenzierter: als Spiegel der Seele, psychisches Verhalten reflektierend.

Die dritte Phase ist die Stufe der Du-Erkenntnis, der Erkenntnis des anderen. Ihr entspricht die Darstellung eines anderen: das *Rollenspiel* und das Sich-in-den-andern-Versetzen: der *Rollentausch*. Diese Technik ist vielleicht die wichtigste, um mit der Realität der Du-Welten bekannt zu werden. Sie verlangt vom Protagonisten eine große Bereitschaft zu Offenheit und Ehrlichkeit und braucht oft Mut. Muß der Protagonist (durch den Leiter veranlaßt) zum Beispiel plötzlich die Rolle mit seinem Antagonisten tauschen – muß in einem Vater-Sohn-Spiel der Sohn plötzlich in die Rolle des Vaters eintreten –, so muß er auch innerlich in die Anschauung und das Fühlen, in die Welt der Werte und Maßstäbe oder Emotionen des anderen eintauchen: Der Sohn muß sich also ganz in die Haut und das Herz des Vaters einfühlen und danach handeln. Wenn er so die Rolle des andern übernimmt, erlebt er ihn als Subjekt, sich selbst aus der Sicht des andern als Objekt; und sein eigenes Verhalten erlebt er, wie wenn es das eines anderen wäre, von außen, objektiv. So kann der Protagonist zu Einsichten über sich selber kommen, die ihm zuvor nicht möglich waren. (Es drängt sich wieder der Gedanke auf: Das bedeutet Rücknahme von Projektionen.)

Es bedarf beim Rollentausch unvoreingenommener Einfühlung in den anderen; und das ist die Voraussetzung zu dem, was Moreno unter Begegnung versteht: »Dann werde ich Dich mit den Deinen, und Du wirst mich mit meinen Augen anschauen.«[38] Rollentausch oder gegenseitige Rollenannahme setzt eine Einfühlung in das ganze Wesen des anderen voraus.

Doppelgänger, Spiegelmethode und Rollentausch sind die drei Grundelemente der Psychodrama-Techniken. Sie wurden von Moreno laufend variiert und durch weitere ergänzt; und er überließ es der Phantasie jedes einzelnen Leiters, weitere Elemente im gegebenen Moment zu entwickeln.

Die Grundlage und das Ziel des Psychodramas ist »das Prinzip der schöpferischen Spontaneität«.

Spontaneität und *Kreativität* sind bei Moreno ganz zentrale Begriffe.

In ihnen sah er die Kräfte, durch die die Seele gesunden und »ganz« oder »heil« werden kann, durch die sie in sich selbst Gott oder den Bezug zum Göttlichen finden kann. Nur weil im Psychodrama Spontaneität und Kreativität die innere Dynamik des Handelns bestimmen, kann es zu einem »Naturheilverfahren« werden, zu einem Selbstheilungsprozeß der Seele.

Psychodrama aus der Sicht der Analytischen Psychologie

Die Weiterentwicklung verschiedener Psychodrama-Elemente auf der Basis der Analytischen Psychologie – wie zum Beispiel mein Mann und ich sie seit über zehn Jahren erprobt haben – bedeutet keine Abwandlung im Sinne einer Entfremdung des Morenoschen Psychodramas, sondern dient einer Verdeutlichung und Vertiefung der psychischen Prozesse.

Es entsteht hier eine Art abstrakterer Form des Psychodramas, indem die Betonung der äußeren Ereignisse zugunsten einer Verdeutlichung innerpsychischer Vorgänge etwas zurückgenommen wird.

Die Vereinfachung im Äußeren führt zu einer größeren Transparenz der inneren Vorgänge. Moreno hat eine solche Vereinfachung unter Berufung auf das Shakespearesche Drama selbst vorgeschlagen.

Es bleiben die fünf »Mittel«: Bühne, Protagonist, Mitspieler, Leiter und Gruppe, aber sie wurden beträchtlich umstrukturiert. Die Rolle des einen Leiters, der bei Moreno in dreierlei Funktion handelte, wird auf zwei Personen, auf ein Leiterpaar aufgeteilt: Hinzugefügt wird der Co-Therapeut als das Hilfs-Ich des Protagonisten; dafür werden keine geübten Rollenspieler als mehrere »Hilfs-Iche« mehr gebraucht. (Auch Rollenspieler aus der Gruppe gelten nicht mehr in diesem Sinn als »Hilfs-Iche«.)

Die »Bühne« wird ins Zentrum gerückt: Die Gruppe sitzt ihr nicht gegenüber und auch nicht im Halbkreis um sie herum, sondern die Bühne entsteht überhaupt erst durch den Kreis, in dem die Gruppe sitzt. Auf einen speziellen Theaterraum wird verzichtet – wie das heute aber auch allgemein üblich geworden ist. Psychodrama kann in jedem Raum stattfinden, der groß genug ist, um der Gruppe, die mit den Leitern zusammen höchstens zwölf bis vierzehn Personen umfassen wird, genug Raum zum Spiel zu lassen.

Wenn die Gruppe sich im Kreis zusammengefunden hat, findet die erste Phase statt: das »Sich-Erwärmen«. Sie dient der Fühlungnahme, Lockerung, dem Austausch über Begebenheiten seit der letzten Psychodramasitzung – und vor allem meldet sich in dieser Phase derjenige, der dieses Mal arbeiten, das heißt Protagonist sein möchte.

Danach setzt sich der Leiter neben dieses Gruppenmitglied, um im Zweiergespräch zu hören, mit welchem Problem oder Thema der Protagonist sich konfrontieren, worüber er arbeiten möchte. Sie befinden sich damit quasi auf der ersten Stufe der ursprünglichen Psychodrama-Bühne Morenos: ein einzelner mit dem Leiter, noch ungewiß über den Fortgang des Geschehens.

Es kann auch vorkommen, daß ein Gruppenmitglied nur das allgemeine Bedürfnis hat, zu »spielen« oder zu »arbeiten«, aus einer unbestimmten Spannung heraus, ohne ein bestimmtes Problem angeben zu können. Dann wird jetzt im Gespräch versucht, das noch vage Anliegen zu umschreiben und schließlich vielleicht zu benennen.

Jetzt rückt die Gruppe auseinander und bildet einen lockeren, großen Kreis. Der Leiter steht mit dem Protagonisten auf, sie betreten sozusagen die zweite Stufe der Bühne – gehen im Kreis herum und versuchen, dabei dem Thema innerlich näher zu kommen. Die Gruppe ist nicht nur äußerlich abgerückt; der Protagonist, der jetzt um die Mitte seines Problems kreist, kann jetzt schon die Gegenwart der Gruppe häufig ganz vergessen. Sie versinkt hinter den Bildern und Gefühlen, die in ihm aufsteigen.

Es kann sein, daß sich von alleine oder durch Erinnerung eine Schlüsselszene zu dem Problem ergibt, die jetzt gespielt werden kann. Es kann auch sein, daß der Leiter, der inzwischen im Gespräch verschiedene Fakten gesammelt hat, seinerseits eine Szene vorschlägt. Diese mag an eine reale Begebenheit anknüpfen oder rein imaginativ sein. Er wird aber in jedem Fall versuchen, nicht nur zum ursächlichen Grund des Problems vorzustoßen, sondern wird noch mehr danach trachten, eine möglichst »typische« Szene zu finden, die einen Prototyp für viele andere mögliche Erlebnisse darstellt; eine archetypische Szene also, die für weitere Erfahrungen prägend war oder ist. Diese stellt dann – bei allen »persönlichen« Details – eine so grundsätzliche Erfahrungsmöglichkeit dar, daß nicht nur der Protagonist einen tieferen Zugang zu seinem Problem finden kann, sondern daß auch jedes Gruppenmitglied »sich selbst in einem seiner kollektiven Syndrome dargestellt« sieht, also mitbetroffen ist (Moreno).

Danach wird die Szene aufgebaut. Die dritte Stufe, die Spielebene ist erreicht. Der Raum, in den wir eintreten wollen, wird vom Protagonisten sehr detailliert beschrieben, hie und da wird ein Stuhl, ein Tisch vielleicht hingestellt zur Andeutung der Gegebenheiten. Am Ende dieser Vorbereitung kann jedes Mitglied der Gruppe den imaginierten Raum genau vor sich sehen: Teppich und Tapeten, den Blick aus dem Fenster; man weiß, wo man hineinkommt und wohin es hinausführt, spürt die Atmosphäre des Raumes, wie sie ist und wie sie für den Protagonisten sein wird, wenn er jetzt hier eintreten wird. Es können auch Landschaften sein, die da erstehen, ebenso ein Traumort, ein Traumbild, zum Beispiel die Straße, die Häuserreihe, die Haustür des Elternhauses.

Wenn das Psychodrama nicht ein Monolog des Protagonisten bleibt, werden jetzt die Mitspieler gesucht und immer unter den Gruppenmitgliedern gefunden. Der Protagonist wählt, wer seine Mutter, Tochter, seinen Vater, Bruder, Lehrer, Chef, Hund und so weiter spielen soll. Diese Wahl ist etwas Wichtiges und geschieht oft erst nach langem Nachsinnen, denn der Gewählte muß Qualitäten verkörpern, denen der Protagonist in diesem Gegenüber begegnen will. Jeder kann für jede Rolle gewählt werden, eine Frau auch für einen Mann, ein alter Mann für einen Säugling etc.

Es ist ganz erstaunlich, wie bedeutungsvoll diese Wahl sein kann, besonders bei wichtigen Rollen, und wie oft nachher ein Spieler sagt: Wie konntest du nur mich wählen und ahnen, daß ... mein Bruder auch früh gestorben ist, meine Mutter auch geschieden war, daß man mich auch in ein Heim steckte etc.

»Wie konntest du nur wissen ...«, das ist möglich, da für die Psyche Raum und Zeit relativ sind.

Wenn ein Mitspieler gewählt ist, wird er in die Rolle »eingeführt«. Man könnte auch sagen: Er wird für die Rolle erwärmt oder mit den Qualitäten und Energien dieser Rolle aufgeladen. Diesen Vorgang gab es bei Moreno nicht. Dort sind die Rollenspieler oder »Hilfs-Iche« nach den Angaben, die der Protagonist in seiner Erzählung gemacht hatte, intuitiv in die Rolle hineingeschlüpft und ihm von außen begegnet.

Das *Einführen* in eine Rolle geschieht folgendermaßen: Der Spieler sitzt auf einem Stuhl, der Protagonist steht hinter ihm, legt ihm die Hände auf die Schultern, versucht, sich ganz in den andern, den er einführt, einzufühlen, und stellt ihn dann in der Ich-Form vor, wie wenn er selber der Vater, die Mutter, der Bruder ... wäre. »Ich bin Lise, bin 45 Jahre alt ...« Der Rollenträger wird nicht als ein Gegenüber geschildert – als die mich ewig hemmende, mich nicht loslassende Mutter zum Beispiel, wie ich sie täglich erfahren muß; sondern wird in einer bewußten Identifizierung von innen heraus vorgestellt, so wie er oder sie sich selber erleben mag: »Ich bin erst 45 Jahre alt, aber ich fühle mich sehr einsam, aufs Abstellgleis geschoben, besonders von meinem Mann ...«

Der Protagonist braucht Einfühlungsbereitschaft und Offenheit, um einen andern so vorzustellen, wie er »wirklich« ist. Und gleichzeitig wird es immer wieder evident, daß jede eingeführte Person das Produkt der Imagination des Protagonisten ist und auch einen Teilaspekt seiner selbst darstellt. Bei aller angestrebten Objektivität ist die Rolle nur durch die Projektionen seiner subjektiven Vorstellungen und Empfindungen auf den Rollenträger möglich.

Der Protagonist – oder die Protagonistin – kann bei der Einführung einer Rolle, zum Beispiel des Vaters, vom gegenüberstehenden Leiter auch als der Vater angesprochen und herausgefordert werden: »Sagen Sie, Herr Soundso, wie finden Sie eigentlich Ihre Tochter in der letzten Zeit?« Aus der Identifikation mit dem Vater kann die Protagonistin dann zu

Aussagen kommen, die sie sonst nicht über sich machen würde: »Ich bin von meiner Tochter enttäuscht. Wenigstens *sie* hätte doch ein bißchen nett sein können; sich auch mal freuen, wenn man nach Hause kommt. – Sie könnte mich als Vater doch einmal ein klein wenig gern haben.« Oder auf eine Frage des Leiters wie: »Was haben Sie sich eigentlich von Ihrem Leben erhofft?« kann die Protagonistin aus dem Vater heraus antworten – und etwas ganz anderes sagen, als wenn sie ihm sonst gegenübersteht: »Was ich mir erhofft habe? Was jeder Mann will: Arbeit, die einen freut – das geht noch. Eine Frau, die zu einem hält – kein Gedanke. Sie könnte doch auch Freude haben am Leben, etwas fröhlich sein. Man könnte doch Spaß haben zusammen. Dann könnte eine Familie doch etwas Schönes sein – aber bei uns nicht.«

Wenn der Protagonist den Mitspieler eingeführt hat, kann dieser noch Fragen stellen, falls ihm wichtige Informationen fehlen: »Wie sehe ich aus? Wie rede ich meine Tochter an? . . .«

Danach ist der Spieler durch den Protagonisten so in die Rolle hineinmodelliert und mit Energie aufgeladen, daß er für diesen jetzt wirklich ganz den Vater oder die Mutter etc. repräsentiert. Aber auch jedes Gruppenmitglied weiß und spürt nun genau, mit wem der Protagonist sich konfrontiert, welchen Aspekten er begegnen wird.

Diese Erweiterung der Methode Morenos fügt zur Qualität der äußeren Realität, zu der Objekterfahrung, die Erweiterung oder Vertiefung durch die sogenannte »Subjektstufe« hinzu, den subjektiven, persönlichen Anteil an der *scheinbar* objektiven Figur: Alle handelnden Personen können als Teilaspekte des Protagonisten gesehen werden. (Das meinte wohl auch Moreno, wenn er von den »Hilfs-Ichen« des Protagonisten sprach.)

In dieser Form des Psychodramas ist die Funktion des Hilfs-Ichs des Protagonisten eine andere als bisher. Das Hilfs-Ich schlüpft in keine Rollen mehr, sondern dient allein der Unterstützung oder Verstärkung des Protagonisten und bleibt immer in seiner Nähe. Die ganze Psychodramasitzung – auch die Mitarbeit aller Gruppenmitglieder – steht allein im Dienst des Protagonisten. Das heißt aber nicht, daß er nur schonend behandelt wird, daß alle immer »lieb« zu ihm sind. Im Psychodrama findet er Gelegenheit, unbewußten Aspekten zu begegnen, und das werden manchmal recht unangenehme Erfahrungen sein, denn gerade durch ihre Unbewußtheit sind sie oft archaischer oder inferiorer Art. Darum ist ihm das Hilfs-Ich zu seiner Verstärkung oder Verdoppelung zugesellt. Es ist wie sein Schatten stets hinter ihm und spricht wie er, als er, in der Ich-Form, als sein »anderes Ich« oder als »Nummer 2«. Es ist, als führe er ein Selbstgespräch oder als rutsche ihm etwas heraus, was er eigentlich nicht sagen wollte oder nicht zu sagen wagte. Das Hilfs-Ich wird vom Protagonisten nicht als ein Du erlebt, sondern als eigene innere Stimme, die er meistens besser akzeptieren kann als die irgendeines Gegenübers. Sollte einmal etwas davon nicht zu seinem Grundmuster passen, wehrt er reflexartig ab, und es ist, als ob er's nicht gehört hätte.

Schon im äußeren Bild zeigt sich die Funktion des Hilfs-Ich: Es geht und steht *hinter* dem Protagonisten, ist ihm nah, aber nicht sichtbar. So spricht es auch Inhalte aus, die ihm bewußtseinsnah, aber doch nicht ganz bewußt sind, denen der Protagonist nicht »ins Auge schaut«, mit denen er sich nicht freiwillig konfrontiert.

Wenn Moreno sagt, der Protagonist solle keine Rolle spielen, sondern sich selber, so wie er wirklich ist, so heißt das hier: Der Protagonist kann nur zu sich selber finden, wenn er vor sich und der Gruppe auf seine Maske verzichten kann, so nützlich oder notwendig sie im Leben sein mag. Das Hilfs-Ich wird also vor allem die »Persona« – das lateinische Wort für Maske – hinterfragen. Zum Beispiel: »Warum betone ich nur so oft, daß ich eine so gute Mutter bin?« Oder: »Ist es mir vielleicht doch allzu wichtig, was die anderen von mir denken? Ich tue mächtig emanzipiert . . .«, und so weiter.

Als Schatten des Protagonisten wird das Hilfs-Ich kompensatorisch das ausdrücken, was der Protagonist nicht beim Namen nennt oder nicht wahrnimmt, seien dies negative oder positive Regungen und Empfindungen. Es wird ihn immer wieder auf seine Gefühle hinweisen, besonders wenn er »kopflastig« handeln will: auf Verspannungen, Hilflosigkeit, Angst, auf innere Bedürfnisse, die er nicht realisiert. (»Ich fühle mich unwohl in meiner Haut. Mich fröstelt. Ich fühle mich abgelehnt. Ich brauche Hilfe, ich brauche Schutz.«) Das Hilfs-Ich wird ihn aber stören, wenn er sich Selbsttäuschungen hingibt oder durchaus mögliche Einsichten nicht zuläßt. (»Ich will nicht, daß mein Mann einfach tut, was ihm Spaß macht, dann entzieht er sich meinem Einfluß; dann gehört er nicht mir.«) Das Hilfs-Ich versucht, die Grenzen zwischen bewußter und unbewußter Einstellung zu durchbrechen, zu »transzendieren«, das heißt: von der einen zur anderen »Seite« hinüberzuführen und Brücken dafür zu schlagen.

Wenn aber der Protagonist vom Leiter, von Rollenspielern oder von anderen Gruppenmitgliedern stark herausgefordert oder gar angegriffen wird, dann wird das Hilfs-Ich sein bewußtes Ich stärken, ihn vielleicht zur Konfrontation anfeuern oder ihn – auch buchstäblich – stützen. (So sagte einmal eine Protagonistin nach dem Psychodrama zu ihrem Hilfs-Ich: »Du warst wie ein Schutzengel. Ich konnte viel mehr wagen als sonst, weil ich mich stark fühlte. Das Gefühl muß ich mir bewahren. Du hast doch nur gesagt, was ich auch schon wußte . . .«)

Durch die Einführung des Co-Leiters als »Hilfs-Ich« des Protagonisten ins Psychodrama ist die Rolle des Leiters eindeutiger geworden. Er agiert nicht mehr in dreierlei, ja noch mehr Funktionen. Er ist Spielleiter und analytischer Therapeut, der außerhalb des Spieles steht, wenn er auch innerlich mitgeht. Hilfs-Ich und Rollenspieler sind die mit dem Protagonisten Handelnden – und auch die Gruppe wird einbezogen, wie noch zu zeigen bleibt. Der Leiter stellt sozusagen nur die Weichen: Er wählt die Szenen und den Szenenwechsel, schlägt Rollen und Rollentausch vor. Er hat ein bestimmtes therapeutisches Ziel, dem er sich mit jedem Psychodrama um einen Schritt nähern möchte. Es kann kein Lebensproblem in einem einzigen Psychodrama gelöst werden. Aber jedes Psychodrama folgt einem bestimmten therapeutischen Ziel.

Der Protagonist sieht den Leiter immer *gegenüber.* Dieser steht nicht einmal schützend neben oder hinter ihm und dann wieder herausfordernd, angreifend gegenüber, wie bei Moreno. Der Protagonist ist eindeutig immer von ihm geleitet, gefordert oder mit ihm konfrontiert. Von seinem Hilfs-Ich dagegen wird er begleitet, ergänzt und buchstäblich gehalten: Es legt die Hände auf seine Schultern, wenn es für ihn spricht, so wie er es bei der Einführung der Rollen machte. Dadurch kommt einerseits die Identität zum Ausdruck, andererseits trifft ihn die Stimme aus dem Hintergrund nicht unerwartet. Er ist mit ihr in Kontakt.

Zwischen dem Leiter und dem Co-Leiter muß ein grundsätzliches Einvernehmen in bezug auf die Theorie des Psychodramas, die Verteilung der Rollen und Aufgaben untereinander und das theoretische Gedankengebäude, das alles trägt, bestehen. Sie müssen sich so gut kennen, daß auch eine non-verbale Verständigung möglich ist, denn sie müssen sich – ohne Worte – einig sein, welche Winke oder Hinweise des Protagonisten für den Leitfaden dieses Psychodramas aufgegriffen werden sollen, welches das therapeutische Ziel ist. Außerdem muß das Leiterpaar die Beziehung zueinander bewußt erarbeitet haben, damit möglichst keine unbewußten Spannungen, die nur die beiden betreffen, in das Psychodrama des Protagonisten und das Spiel mit der Gruppe hineinvermischt werden.

Die Aufteilung des Leiters in zwei Personen mag etwas gesucht oder abstrakt anmuten; und in der Tat würde es einem Außenstehenden, der unvermutet zu einer Psychodramasitzung hinzukäme, sehr merkwürdig, ja grotesk erscheinen, wenn er eine handelnde Person – den Hauptdarsteller – immer von einer zweiten Person gefolgt sähe, die dann auch noch in Haltung und Gebärde sich diesem anpaßt. Und noch viel verblüffter wäre er, wenn er weiter zuschaute und Zeuge vielleicht weiterer skurril anmutender Techniken würde wie Rollentausch, Spiegeln, Doppeln.

Die »Verfremdung«, die in dieser Methode liegt, mag bereits auf den dahinterliegenden Sinn hinweisen. Man könnte die Methode als Verdeutlichung der Tatsache ansehen, daß das seiner selbst bewußte Ich ja niemals die Gesamtheit einer Persönlichkeit repräsentiert, sondern daß wesentliche Teile der Persönlichkeit – autonom – außerhalb des Ich-Bewußtseins existieren, im Unbewußten.

Das Leiterpaar könnte wie ein besorgtes und bemühtes Elternpaar wirken, gar wenn es Mann und Frau sind und auch noch in etwa passendem Alter. Und sie werden gewiß immer wieder von den verschiedensten Gruppenmitgliedern als Elternfiguren erlebt. Aber die genau festgelegte Aufteilung der Rollen der beiden wird jeden Beteiligten bald einmal über die verschiedenen Funktionen reflektieren lassen. Wenn sie für Väterliches und Mütterliches stehen oder Männliches und Weibliches – fordernd, konfrontierend der eine, stützend und ergänzend der andere –, so ist darin mitenthalten die Spannung und Ergänzung von Logos und Eros, von Geist und Gefühl, Bewußtem und Unbewußtem und die Aufforderung zur Synthese von beidem.

So ist schon im äußeren Aufbau des Psychodramas alles so angelegt, daß es als Symbol verstanden werden kann, das über sich hinausweist. Das Ziel jeden Spiels, jeder Rolle und aller Bestandteile im Psychodrama ist: über die sehr konkrete, anschaubare und greifbare Erscheinungsform hinauszuweisen und die Formen und Inhalte transparent zu machen für die Erkenntnis tieferer Zusammenhänge. Es bleibt jedem einzelnen und seiner Fähigkeit zur Einsicht oder seiner Intuition überlassen, auf welcher Ebene er die konkreten Realisationen, die er im Psychodrama erlebt, einordnen und verstehen wird. Theoretische Erkenntnisse werden nicht verbalisiert.

Das fünfte Mittel des Psychodramas schließlich war und ist die *Gruppe.* Und sie ist in der Tat von besonderer Bedeutung. An dieser Stelle wird von der Gruppe nur in bezug auf ihre Aufgabe oder Rolle im Psychodrama gesprochen. Im nächsten Kapitel werden die Beziehung von Gruppe und Individuum und die besonderen Formen mitmenschlicher Beziehungen im Psychodrama näher betrachtet.

Es ist wichtig, daß eine Psychodramagruppe nicht zu groß ist, damit jeder Teilnehmer oft genug spielen, das heißt Protagonist sein kann. Andererseits darf sie nicht zu klein sein, damit er genügend viele Mitspieler findet und damit es noch weitere gibt, die die Handlung durch ihr Mitgehen und ihre Teilnahme unterstützen. Es werden im allgemeinen acht bis zwölf Teilnehmer sein.

Im Protagonist-zentrierten Psychodrama bildet die Gruppe den Rahmen für das Spiel. In der Mitte steht der einzelne, der Protagonist. Jetzt fallen der Gruppe neue Aufgaben zu: Alle sollen nicht nur Mit-Tragende, sondern auch Mit-Handelnde sein. Bei denen, die zum Rollenspiel gewählt werden, ist dies eindeutig. Aber auch alle anderen können handeln, und zwar indem sie *»doppeln«*. Jeder hat das Zustandekommen und den inneren Aufbau des Psychodramas miterlebt, ebenso die Einführung der Rollen und Spielräume. Jeder kann voll beteiligt miterleben und nun auch spontan mithandeln: Aus der Identifikation mit dem Protagonisten oder einer Rolle heraus kann jeder jederzeit hinter den Protagonisten oder einen Rollenspieler treten und ihn »verdoppeln«. Das heißt, er handelt so wie das Hilfs-Ich hinter dem Protagonisten – und er kann dieses dann auch vorübergehend ablösen. Einer, der so »doppelt«, legt dem Spieler die Hände auf die Schultern – er kündigt sich damit an und macht seine Identität mit ihm deutlich – und kann nun einbringen, was ihm noch fehlte: seien es Emotionen, zurückgehaltener Zorn, verschwiegene Enttäuschung, die er jetzt deutlich ausspricht (»Du schaust mich gar nicht an, wenn du sprichst; du meinst ja gar nicht mich!« Oder: »Mir wird ganz kalt, wenn ich deinen Blick sehe; du mußt mich ja hassen«). Oder es sind neue Einfälle, neue Ansichten des Problems, die sich aus der Identifikation mit einem Spieler plötzlich ergeben (»Jetzt darfst du mich nicht im Stich lassen; du mußt bleiben, denn genau jetzt brauche ich dich . . .«).

Es ist nicht nur der Protagonist »Repräsentant aller in Aktion« (Moreno), sondern es kann auch jede andere Rolle als repräsentativ für eigene Erfahrungen erlebt werden. Das aktive Mitspielen, das »Doppeln« ist möglich aufgrund der eigenen Betroffenheit, der bewußten Identifikation und aus Mitverantwortlichkeit. Es darf nicht egoistischen Zwecken dienen, die dem Gruppenmitglied vielleicht Erleichterung schaffen, weil es so seine Aggressionen abreagieren kann; jedes Doppeln muß sich einfügen in die vom Protagonisten vorgezeichneten Grundstrukturen seines Psychodramas. Dann kann jedes Gruppenmitglied ein »therapeutisches Agens« (Moreno) jedes anderen werden.

Da es in jedem Psychodrama um archetypische Muster, um Grundstrukturen allgemein menschlichen Handelns und Erfahrens geht, wird jeder Teilnehmer eigene Elemente, ihm bekannte Aspekte darin wiederfinden und so ein Mitbetroffener sein. Durch das Doppeln kann er seine Erfahrung neben die der anderen stellen und zu größerer Vielfalt und reicheren Facetten beitragen.

Es besteht dabei nicht die Gefahr von Suggestion oder Bevormundung, denn alle können re-agieren und antworten. Ein Doppel kann zu einem »Aha«-Erlebnis führen, kann aber auch vom Protagonisten zurückgewiesen werden: »Das könnte meine Mutter nie tun ... mein Vater nie sagen ...« etc. Wenn ein Doppel aber ganz unpassend war, wird es oft gar nicht wahrgenommen. Das Drama läuft weiter, als ob es nicht dazwischengekommen wäre. Der Protagonist soll angeregt, aber nicht fremdbestimmt werden. Je mehr sich alle Mitglieder der Gruppe in dieser Weise aktiv beteiligen, desto mehr wird in ihnen selber angerührt. An dem scheinbar individuellen Psychodrama des Protagonisten scheinen Grundmuster durch, an denen jeder einzelne teilhat. Dieser Allgemeingültigkeit wegen – und nicht wegen der vielleicht manchmal vorhandenen persönlichen Brisanz – ist *jedes* Psychodrama für *jeden* immer von neuem er-greifend. Und auch ganz unspektakuläre Psychodramen können darum aufs äußerste spannend sein, weil sie das Gemüt in der Tiefe bewegen – wie Märchen, Mythen und Legenden.

Mindestens ebenso wichtig wie das Doppeln ist der *Rollen-*

tausch oder Rollenwechsel. Mitten in einem Spiel oder einem Dialog kann der Leiter den Protagonisten veranlassen, die Rolle mit seinem Gegenüber zu tauschen, an dessen Stelle zu treten (während jener an den Platz des Protagonisten tritt) und aus dessen Rolle und Haltung heraus zu antworten und zu agieren. Der Protagonist übernimmt so vorübergehend die Rolle des Gegenspielers. Im Rollenwechsel zwischen zwei Personen ist der dynamische Prozeß besonders heftig und darum von besonderer Wichtigkeit. Bei einem Vater-Sohn-Problem zum Beispiel ist der Sohn gezwungen, sich in die Rolle des (ihm vielleicht autoritär erscheinenden) Vaters hineinzuversetzen. Das wird für ihn um so eher möglich sein, als er ihn zu Beginn des Spieles »eingeführt«, schon einmal von seinem inneren Wesen her »gespürt« oder erfühlt hat. Was und wie der andere erlebt, kann er jetzt im Rollentausch emotional noch stärker erfassen.

Rollentausch kann manchmal auch zur Korrektur des Rollenspielers nötig sein. »So würde mein Vater nie sprechen!« – und der Protagonist tut es schnell selbst an dessen Stelle. Meistens aber geht es um eine tiefere Einfühlung in den anderen. Dadurch kommt es manchmal zu Antworten auf grundsätzliche Fragen, die bisher nie eine Antwort fanden. (Zum Beispiel eine Frage wie: »Hast du mich eigentlich je geliebt, Vater?« wird der Protagonist sich selbst – aus dem Mund des Vaters – am besten beantworten.)

Im Vertauschen der Rollen erfährt der Protagonist viele Dinge über die andern, die er vorher nicht wußte beziehungsweise nicht wissen und sehen wollte, weil er sich nicht einfühlen konnte oder wollte. Er kann jetzt seine Projektionen wahrnehmen und – vielleicht – erkennen, daß er im anderen Teile seiner selbst abgelehnt und verachtet hat; oder ihn vielleicht geliebt hat, weil er sich selber in ihm liebte.

Kann der Protagonist seine Projektionen als solche erkennen, dann »verlieren sie nicht nur ihre Macht und ihren Zauber über ihn, sondern er erwirbt ihre Kräfte für sich selbst. Sein eigenes Ich hat Gelegenheit, sich zu finden und wieder zu ordnen . . .« Es geschieht eine »Katharsis der Integration«. Unbewußte Teile können so vom Bewußtsein erfahren und angenommen werden.[39] (Moreno)

Die Auseinandersetzung wird zwar vom Ich aus geführt, aber auch dem Unbewußten wird das Wort gelassen. Der Protagonist tritt zu einer bewußten Auseinandersetzung an, und in der Rolle des anderen, im Rollenspieler gegenüber begegnet er eigenen unbewußten Anteilen, nämlich jenen Inhalten und Qualitäten, die er zuvor auf ihn projiziert hatte. Er selber muß im Rollentausch von jener anderen Seite her re-agieren und zu sich sprechen, und damit bietet sich die Chance, daß unbewußte Inhalte dem Bewußtsein angeschlossen werden können.

»Es ist erschreckend, zu sehen, wie wenig der Mensch imstande ist, das Argument des anderen gelten zu lassen, obschon diese Fähigkeit eine unerläßliche Grundbedingung jeder menschlichen Gemeinschaft darstellt. Mit dieser allgemeinen Schwierigkeit hat jeder zu rechnen, der eine Auseinandersetzung mit sich selber beabsichtigt. Im selben Maße, in dem er den andern nicht gelten läßt, gesteht er auch dem ›anderen‹ in sich selbst das Existenzrecht nicht zu – et vice versa. Die Fähigkeit zum inneren Dialog ist ein Maßstab für äußere Objektivität« (Jung).[40]

Durch den Rollentausch, dadurch, daß man sich in den andern hineinfinden und hineinfühlen und aus ihm heraus sprechen muß, ist es möglich, dem andern gegenüber – und zum »anderen« in sich selbst – eine neue Einstellung zu finden; das heißt: Projektionen als solche zu erkennen und sie in sich oder auf sich zu nehmen, um den andern so »objektiv« wie möglich wahrzunehmen und nicht als Bildschirm zu mißbrauchen.

Je größer die Selbsteinsicht ist und je objektiver der andere gesehen werden kann, desto besser wird man ihn spiegeln können. Moreno bot in der *Spiegel*technik die Möglichkeit zur Selbstansicht und damit zur Selbsteinsicht.

Der Protagonist wird von außen her gespiegelt: Er kann seine Schönheit und Liebenswürdigkeit wie seine Makel, seine Unbeholfenheit und Ungeschicklichkeit betrachten. Er kann sehen, wie die andern ihn sehen, wie er auf sie wirkt, und er realisiert vielleicht die Kluft zwischen dem, was er ausdrükken wollte, und dem, was er wirklich vermittelte. Indem er sich so sieht, lernt er neue beziehungsweise bisher nicht bewußte Aspekte von sich kennen.

In diesem Sinne kann man das gesamte Psychodrama als eine Art Spiegeltechnik ansehen: In jedem Spieler kann der Protagonist Teile seiner Persönlichkeit gespiegelt sehen; und von allen zusammen wird er zurückgespiegelt als der eine, der sich hier in verschiedenen Facetten begegnet.

Wenn das Psychodrama zu einer Abrundung kam – was nicht gleichbedeutend sein muß mit einem »guten Ende« –, dann setzen sich alle Teilnehmer wieder in den eng geschlossenen Kreis, wie er am Anfang war, und es folgt das *Sharing.*

Der Protagonist kehrt auch erst jetzt mit seinem Bewußtsein in diesen Rahmen zurück. Eine Brücke zwischen Spiel und Rückkehr in die Realität wird dadurch gegeben, daß der Protagonist erst jeden Spieler einzeln verabschiedet oder in einer ihm richtig scheinenden Weise entläßt und indem er selber danach die Bühne wieder abbaut, die er anfangs aufgebaut hat: Jeder Stuhl, jedes Detail wird sorgfältig wieder an seinen alten Platz gebracht und wird wieder zu einem ganz banalen Hocker, Stuhl, Tisch. Die Welt der Imaginationen wird Schritt für Schritt verlassen. Der Protagonist braucht Zeit, um in den konkreten Raum und zur Gruppe zurückzufinden. Und die Gruppenmitglieder teilen das Gefühl, daß er von weither wiederkommt; dies um so mehr, je mehr es ihm gelang, seine bewußte Kontrolle aufzugeben und ganz in sein Psychodrama einzugehen.

Es kann sein, daß ein Protagonist sich erst jetzt seiner Hingabe oder auch der Lust bewußt wird, die er empfand, als er alle Fesseln fallen lassen konnte und sich zeigte, wie er ist; ein Geschehen, das sonst nur in einer intimen Beziehung möglich ist oder erhofft wird. Und jetzt fühlt er sich beschämt, entblößt; und er braucht die Zuwendung der anderen, die ihm das Gefühl der Blöße wieder nehmen. »Er hat Liebe gegeben, und jetzt geben sie [die Mitglieder] ihm Liebe zurück. ... Sie teilen ihre Kümmernisse, wie er seine mit ihnen geteilt hat«, schreibt Moreno.[41] Das ist der

Sinn des Sharings, des Teilens oder Beschenkens, Bescherens. Aber es gibt auch die Redensart von der »schönen Bescherung«, wenn etwas Unerwartetes, Unangenehmes passiert. Auch diese Situation kann durch ein Psychodrama entstehen. Am Anfang eines jeden Psychodramas besteht bei allen die Bereitschaft, sich ganz zu öffnen, zu zeigen oder mitzugehen, was nur im Rahmen starker Mitmenschlichkeit möglich ist. Was dann aber dabei ans Licht geholt wird, erlebt wird, kann für manchen verwirrend sein und Zorn oder Ratlosigkeit hinterlassen. Das kann zum Beispiel der Fall sein, wenn ein Protagonist es gewagt hat, sich mit einem sehr unangenehmen Schattenaspekt zu konfrontieren: mit dem Mörder in sich selbst zum Beispiel. Dann braucht es für die Gruppe Entschlossenheit, Liebe und Mut, ihn anzunehmen – und damit einen solchen Schatten auch in sich selbst für möglich zu halten. Die Gruppenmitglieder werden kaum nur eigene »Kümmernisse« zurückgeben, sondern vielleicht aus der Betroffenheit heraus nur seinen Mut und seine Ehrlichkeit bewundern.

Andererseits glaubt so mancher Protagonist, die Gruppe mit einem einmaligen, besonders belastenden Problem zu konfrontieren, wenn er etwas vorbringt, was er noch nie öffentlich bekannt hat: seine bisher verschwiegene Homosexualität vielleicht und die unangenehmen Erfahrungen, die er dadurch gemacht hat. Und er wird nicht nur »getröstet«, sondern fast beschämt durch die Eröffnung anderer, die damit nicht nur auch konfrontiert sind, sondern zum Teil vielleicht noch viel schrecklichere Erfahrungen machten als der Protagonist selber. So kann ein Sharing ein Psychodrama noch weiter führen oder weitere Psychodramen nötig machen.

Wieder in die Realität der Gruppe zurückgekehrt, ist es für den Protagonisten wichtig zu sehen, wie sein inneres Erleben sich zu der Realität verhält: wie andere auf sein Erleben reagieren; ob sie mit ihm fühlen können; ob er erreichbar blieb. Und die Gruppe teilt ihm ehrlich mit, was jeder erlebt und gefühlt hat; aber ohne zu analysieren und sich damit innerlich wieder zu distanzieren.

Die Gruppenmitglieder sind zu Zeugen eines Geschehens

geworden; nun müssen sie Zeugnis ablegen von dem, was sie erlebt und erfahren haben. Aber »Zeuge sein«, »zeugen« beinhaltet noch einen weiteren Aspekt, den des Er-zeugens.

Die Gruppe bestand nicht aus passiven Teilnehmern. Indem sie nun von ihren eigenen Erfahrungen während des Spiels oder aus ihrem Leben berichten, helfen sie Einsichten er-zeugen, ohne zu interpretieren oder zu belehren.

Während des Sharings schweigt der Protagonist. Er hat vorher gearbeitet, jetzt ist es an ihm, zu hören, was die anderen ihm mit-teilen wollen. Er wird es aufnehmen und muß es mit sich herumtragen, es bedenken und erfühlen bis zur nächsten Psychodramasitzung.

Im Sharing gibt es zwei Runden, in denen auf verschiedene Weise Zeugnis abgelegt wird. In der ersten Runde berichtet jeder Spieler, was er in der Rolle erlebt hat; wie der Protagonist zum Beispiel auf ihn als Vater, Lehrer, Mutter, Schwester gewirkt hat und was für Gefühle er in ihm hervorgerufen hat. In der zweiten Runde teilen alle Gruppenmitglieder ihre Erfahrungen beim Psychodrama mit, aber vor allem eigene Erlebnisse, die eine Ergänzung oder Verstärkung des hier Dargestellten sind, die ähnliche Muster oder einen Kontrapunkt enthalten.

Das nächste Psychodrama beginnt mit dem sogenannten Feedback des Protagonisten. Er hat jetzt als erster das Wort und die Möglichkeit, zu berichten, wie es ihm ergangen ist, was ihm vielleicht auf-gegangen ist; was er bedacht, erlebt und vielleicht geträumt hat und zu welchen Einsichten er gekommen ist. Wichtig ist die dazwischenliegende Zeit, in der im Protagonisten weiterreifen kann, was das Psychodrama in ihm berührte. Er muß jetzt alleine weiter damit umgehen, sei es in der Konfrontation mit Menschen, mit der Welt, sei es mit sich selber, im Sinnen, Träumen, Malen. Seine Erlebnisse müssen sich erst kon-kretisieren, und das heißt: zusammenwachsen. Dann kann er beim nächsten Mal darüber berichten und legt so gleichzeitig Rückschau und Rechenschaft vor sich selber wie vor den anderen ab.

Grundsätzlich ausgeschlossen ist aus dem Psychodrama

jede intellektuelle Analyse oder Deutung durch andere als den Protagonisten selbst. Die unbewußten Inhalte wurden mit großer Sorgfalt gestaltet und zur Erscheinung gebracht. In der Gestalt, im Bild haben sie Symbolcharakter; und das Symbol hat Wirkkraft. Würde es durch die Gruppe wieder zerlegt und verbalisiert, in Worte »übersetzt«, wäre seine Kraft aufgelöst.

Jeder einzelne wird zu *seiner* Zeit ein Symbol, eine symbolische Handlung aus dem Psychodrama, bewußt erfassen und verstehen; dann ist für *ihn* der Schritt getan zur Synthese von Unbewußtem und Bewußtsein. Das kann aber nicht für alle zur gleichen Zeit geschehen, wenn es echt sein soll.

Bevor ich fortfahre, weitere Voraussetzungen und Hintergründe der Psychodrama-Arbeit darzulegen, möchte ich das bisher Geschilderte noch einmal an dem eingangs berichteten Psychodrama-Beispiel illustrieren.

Ich beschreibe jetzt ausführlicher die einzelnen Schritte des Psychodramas, die der Leser sich nun bereits besser vorstellen kann. Erst dann werde ich zeigen, wie man den Prozeß psychologisch verstehen kann, ohne dabei einen Anspruch auf eine erschöpfende Deutung zu erheben.

Wie gesagt, wird psychologische Deutung ins Psychodrama selbst nie mit eingebracht; aber die Leiter müssen sich darüber klar sein, vor welchen psychischen Hintergrundmustern die hier spielende Handlung zu verstehen ist; das heißt, welche archetypischen Strukturen hier auf die persönlichen bewußten und unbewußten Erfahrungen und Bilder – sowie die augenblickliche Handlung – prägend wirken. Das müssen sie um so mehr, wenn sie zu zweit arbeiten, denn sie können nur dann ein therapeutisches Ziel erreichen, wenn sie sich – ohne weitere Verständigung – über dieses einig sind. Das aber ergibt sich »von alleine«, wenn sie hinter der konkreten Handlung das Urbild – oder den Archetypus – erkennen, der sie bewirkt und der der Handlung damit ihren Symbolcharakter verleiht und sie so eindrücklich macht, daß *jeder* in seiner Art mitbetroffen ist.

Auch einige Gruppenmitglieder werden für sich dabei so manches ergänzend erwägen oder hinterher reflektierend zu verstehen suchen. *Das* wird jedoch *nicht* in die Handlung des Psychodramas eingebracht. Hier hat nur die spontane Handlung und das spontane Wort seinen Platz.

Der Impuls zu dem Psychodrama, von dem ich noch einmal berichten will, ergab sich in der Eingangsphase, im »warming-up«, als alle locker beisammensaßen und der Kreis gerade vollzählig geworden war. Da wurde es der einen Teilnehmerin – die ich von nun an einfach »Mona« nenne – ein Bedürfnis, sich für das Tragen der Sonnenbrille zu entschuldigen. Sie wußte, daß sie dadurch natürlich besondere Aufmerksamkeit auf sich zog, und spürte, daß dieser zugelegte »Schutz« oder ihr »Öffentlichkeitskleid« innerhalb der Gruppe nicht mehr ganz paßte. Sie beschloß, daß sie das Thema anschauen, das heißt daß sie es in einem Psychodrama bearbeiten wollte. Alle waren einverstanden.

Der Leiter tauschte den Platz mit ihrem Nachbarn und setzte sich neben sie. Es war die erste Stufe von Morenos Bühne betreten. Sie erzählte, wie wir schon wissen, von ihrem häufigen Erröten und daß sie zum Beispiel deshalb nicht mehr wage, die Nachbarin zu treffen, sondern sich jedesmal, wenn sie sie sehe, schnell ins Haus zurückziehe.

Vordergründig wollte sie jetzt wohl das Symptom des Errötens loswerden; aber sie wollte auch dahinterkommen, was sie »plötzlich« so verunsichern konnte.

Es wurde ihr jetzt beim Erzählen zusehends unbehaglicher zumute – ein Signal, daß es nun die nächste »Stufe« zu betreten galt. Auf ein Zeichen des Leiters rückte die Gruppe zu einem großen lockeren Kreis auseinander. Leiter, Protagonistin und Hilfs-Ich hinter ihr gingen – weitersprechend – im Kreis herum. Es war für Mona nun viel leichter zu erzählen, die Gruppe war aus dem Blick gerückt. Mona tauchte mehr in ihre Welt ein, wurde lockerer – und da kam ihr plötzlich der Traum der vergangenen Nacht in den Sinn, und sie erzählte ihn.

Es war also gewiß kein Zufall, daß sie sich heute zum Psychodrama gemeldet hatte. Sie war – unbewußt – schon vorher motiviert, sich im Psychodrama mit dem Traum – oder ihren

Ängsten – auseinanderzusetzen. Es war zu vermuten, daß der Traum einen Schlüssel zu ihrem Problem enthielt. Er konnte jedenfalls als Einstieg dienen.

Da Mona keine konkreten Assoziationen zu dem Traumbild hatte, wurde auch noch kein Bühnenbild aufgebaut. Aber die dritte »Stufe« war betreten: Mona sollte und wollte den Traum im Spiel noch einmal nachvollziehen. Der Leiter trat zur Seite. Sie tastete sich gleichsam durch einen leeren Raum voran, in den Traum hinein, vom Hilfs-Ich begleitet. Sie hatte die Augen beinahe geschlossen und spürte mehr in sich hinein, als daß sie draußen etwas suchte. Spontan zog sie die Schuhe aus – und da kam es: Da war das Kopfsteinpflaster deutlich zu spüren, und sie realisierte, daß sie die Dorfstraße des Ortes entlangging, in dem sie ihre Kindheit verbracht hatte. Wir kennen bereits ihr Stocken an der Tür, die Angst, die sie ergriff, und das Bedürfnis, umzukehren.

Natürlich wollte sie das Spiel – nach dem kurzen Dialog mit dem Leiter – hier nicht enden lassen. Hilfs-Ich: »Es wäre mir leichter, wenn ich nicht alleine hingehen müßte.« Mona: »Ja, ich wäre froh, wenn meine Mutter bei mir wäre.« Zusammen mit ihr – hoffte sie – würde es besser gelingen.

Der erste Gang zum Haus war nur eine Wiederholung des erinnerten Traumes gewesen, bei dem aber die einzelnen Bilder ganz deutlich und der Traum greifbar nah wurden. Jetzt kann Mona die Bühne aufbauen; den Weg, die Häuser, das Elternhaus beschreiben, so wie sie es eben wieder gesehen hat. »Hier wohnte ein Mädchen, mit dem ich manchmal spielte. Dort das Haus gehörte einer alten Frau, vor der wir alle Angst hatten. Um diese Ecke ging's zum Metzger«, und so fort. (Und alle Gruppenmitglieder werden in diese Szene, die Umgebung mit hineingenommen.) Sie selber erinnert sich dabei noch deutlich, wie die Welt ihr *damals*, als sie dort noch wohnte – sechsjährig mochte sie da gewesen sein –, erschienen war; die *jetzt* wieder ganz gegenwärtig war. Mona wirkt dabei auch auf die anderen zunehmend jünger, ja kleiner.

Jetzt mußte sie noch aus der Gruppe eine Frau für die Rolle der Mutter auswählen. Das war nicht ganz leicht. Sie tippte erst auf eine ältere, die tatsächlich ihre Mutter hätte sein können, wählte dann aber eine höchstens gleichaltrige Frau.

Bei der Einführung der Mutter in ihre Rolle kamen zuerst einige biographische Details. Schon die Mutter war in diesem Dorf aufgewachsen und hatte hier nun die ersten Ehejahre verbracht. »Ja, jetzt sind wir also immer noch hier. Aber ich lebe hier nicht gerne. Es gibt so viel Gerede unter den Nachbarn. Und meine Familie wohnt auch noch in der Nähe, die mischen sich in alles ein, vor allem meine Mutter. Mein Vater kommt und legt meinen Garten an. Da haben die Leute noch mal Grund zum Reden – als ob ich das nicht könnte. – Aber eigentlich bin ich froh, daß er das macht. Ich habe dafür in der Gemeinde zu tun . . .«

Hilfs-Ich: »Meinen Mann erwähne ich erst gar nicht erst, den lasse ich lieber aus dem Spiel.« Protagonistin als Mutter: »Eben, der ist nicht, wie er sein sollte. Vor der Hochzeit war das Leben noch schön, und ich habe mich auf die Zukunft gefreut. Aber jetzt – zum Davonlaufen . . . Aber nächste Woche gibt es einen Bazar, da . . .« Hilfs-Ich: »Ich laufe tatsächlich davon. Ich bin schon wieder in der Gemeindearbeit.« Mutter: »Mein Mann ist eben nicht, wie ich es mir gedacht hatte. Andern Frauen macht er schöne Augen. Aber zu Hause hockt er immer nur hinter der Zeitung. Oft kommt er gar nicht erst nach Hause. Bleibt im Wirtshaus – sagt er! – bis spät, mit Bekannten. – Ha! Bekannte! Das ist ihm wichtiger.« Hilfs-Ich: »Um ehrlich zu sein: Ich bin unglücklich. Und ich bin eifersüchtig.« Mutter: »Kann schon sein, aber das würde ich nie zugeben.« Hilfs-Ich: »Bei ›Bekannten‹ denke ich an Frauen.« Mutter: »Natürlich, was denn sonst . . .«

Nun begann der eingangs berichtete zweite Gang zum Elternhaus, an der Hand der Mutter. Wir sahen, die Rollenspielerin hatte sich gut in die Rolle eingefühlt: Nur widerstrebend ging sie mit der Tochter, in der Ahnung, daß sie nichts Gutes zu erwarten hatten. Beim tatsächlichen Eintreten hatte dann nur die Tochter den Vater dort auf dem Sofa sitzen sehen. Ihr inneres Auge erblickte ihn – aber es war, als hätte er wirklich da gesessen.

Vor dem dritten Gang muß sie nun einen Spieler für den Vater wählen, der dann leibhaftig in der Stube sitzen wird. Zuerst wird diese nun aber als Bild der inneren Bühne aufgebaut. Jetzt erinnert die Protagonistin wieder alle Einzelheiten: nicht nur das Sofa, den Tisch; auch kleine Figürchen – Tänzerinnen – in einer Vitrine, ein Bild an der Wand von einer sehr schönen Frau; der Blick aus dem Fenster: Apfelbaum; weiße Gardinen. »Aber es ist alles unbelebt.«

Die Wahl des Spielers für den Vater fällt schwer. Es widerstrebt Mona, einen Vater auszusuchen. Sie setzt sich erst einmal hin, um Kraft zu schöpfen. Dabei monologisiert sie: »Wie soll ich ihn wählen?Der Vater war immer der große Unbekannte. Er hat sich nie um mich gekümmert. Es war eine riesige Kluft zwischen ihm und mir. – Oft hatte ich richtig Angst vor ihm – die Mutter hatte ja auch manchmal Angst, scheint mir. Er war mir unbehaglich. Ich mochte ihm nicht nahekommen. Er hatte wohl manchmal einen Geruch. Meine Mutter hat ihn, glaub' ich, oft abstoßend gefunden, besonders wenn er abends spät aus dem Wirtshaus nach Hause kam. Da gab es oft Krach. – Er war auch wirklich brutal, wie er dann fluchen konnte! Ich bin davon aufgewacht. Sie haben oft gestritten. Und im übrigen *war* er einfach gemein!«

Damit gibt die Protagonistin sich einen Ruck und wählt ohne Zögern den Größten und Dicksten aus der Gruppe. Sie stellt ihm einen harten Stuhl hin, auf den er sich setzen solle. Dann nimmt sie sich noch einen Augenblick Zeit, bevor sie – zunächst nur widerstrebend – die Hände auf seine Schultern legt. »Ich bin also der Walter.« *Jetzt* liegen die Hände *schwer* auf ihm. Man hört, daß er aus einer großen Bauernfamilie stammt, als Jüngster aber nicht mehr viel Beachtung bekam. Die Eltern hatten schon genug mit all den andern Kindern und dem großen Betrieb zu tun. Später war er froh, daß er im elterlichen Betrieb nicht mit einsteigen mußte, sondern eine Lehre als Schreiner machen und von daheim wegziehen konnte. »Schließlich, in der Stadt, konnte ich eine eigene Werkstatt aufmachen ... Aber jetzt, wo ich mit der Lise hier in Hinterwil lebe, ist das Leben gar nicht schön. Am Anfang hatten wir's ja noch gut miteinander. Als wir verlobt waren. Da durfte man sogar mit dem Segen der Eltern noch abends fort. Früher ging das nur heimlich, über den Balkon, und ab mit ihr ins nächste Dorf. Zuerst war sie auch noch richtig gut, die Lise, in jeder Hinsicht. – Aber dann fing bald schon alles an. Als auch noch das Kind geboren war, wollte die Frau grad gar nichts mehr von einem wissen. Sie kann mich einfach nicht riechen. Nur eifersüchtig sein, das kann sie! – Und dann noch ihre Familie! Die denken, sie wären was Besseres. Und so in der Nähe! – Man ist heute in seinen eigenen vier Wänden mehr gefangen als früher als Bub daheim.«

Als Mona von dem Spieler des Vaters wegtritt, ist sie nachdenklich. Hilfs-Ich: »Ich lasse meine Schultern hängen.« Mona: »Ja, ich bin traurig, im Augenblick tut er mir beinahe leid . . . Aber es war *wirklich* gemein, daß er uns immer so sitzenließ.«

Sie geht jetzt auf die Mutter zu (der Vater geht außen um den Kreis zur Stube): »Ja, du, wir müssen noch einmal zu dem Haus.« Sie nimmt unwillkürlich ihre Kind-Haltung wieder ein. Es folgt der dritte Gang zum Haus. Die beiden zögern den Weg noch etwas hinaus. Ein Doppel hinter Mona: »Ich wünschte, die Mutter würde mich fester halten. Ich fühle mich gar nicht wohl mit ihr.« Mona zieht die Mutter, nimmt *ihre* Hand zum Öffnen der Tür.

Dann, beim Anblick des Vaters, packt Mona Angst, Zorn und Entsetzen. Als sie aus dem Haus herausläuft, ruft sie: »Er ist doch ein Wüstling!« Intuitiv hat sie die Gegenwart einer Frau gespürt, und in ihrer Vorstellung taucht das Bild der jungen Tante auf, die früher eine Zeit bei ihnen gelebt hat und die sie jetzt im Nebenraum wähnt. Sie kann sich nicht so schnell beruhigen und bleibt an »die Hauswand« gelehnt stehen. Es steigen ihr Tränen auf. Hilfs-Ich, nach einer Weile: »Ich bin unglücklich – und eifersüchtig.« Mona: »Nein! – Ja! Ja! – Was hat ihm an uns gefehlt? – Ich hasse sie, diese da drin! Ich hasse sie!«

Und jetzt strömen die Tränen – des verlassenen Kindes, der enttäuschten Frau und der Tochter, die Angst vor »der Hexe« hat.

Hier hörte das Spiel auf. Die Gruppe rückte wieder im geschlossenen Kreis zusammen, es folgte das Sharing. Die Protagonistin schwieg von nun an und hörte nur zu. Zuerst sprach der Spieler des Vaters aus, wie einsam und verlassen er sich in der Rolle und in dem Haus gefühlt hatte, total unverstanden und ungeliebt. – Für die Mutter war die Schande vor dem Dorf das Schlimmste. – Das Hilfs-Ich unterstrich, wie es sich in der Identifikation mit der Protagonistin »klein« gefühlt habe, hilflos, nur Tochter; das Gefühl, auch eine verheiratete Frau mit eigenen »quicklebendigen« Kindern zu sein, war zu keiner Zeit vorhanden.

Danach kamen die verschiedensten Beiträge aus eigenen Lebenserfahrungen der Gruppenmitglieder. Natürlich gab es einige ehemalige »Kinder« aus schwierigen oder zerrütteten Ehen. Eine Frau, die in einer intimen Beziehung zu einem älteren Mann stand, trat für die »andere Frau« und deren Bedürfnisse ein, die nicht nur »böse« zu sein brauchten. Sie sei für den Mann in einer Krise rettend gewesen. Ein Mann in eigener Ehekrise klagte über die Härte seiner »frigiden« und verständnislosen Frau. Und so weiter.

Im Feedback zu Beginn der nächsten Psychodrama-Sitzung sagte Mona, daß die Woche zwischen den beiden Sitzungen zu ihrem Erstaunen viel besser gegangen sei. Sie war froh, daß sie gewagt hatte, sich vor der Gruppe zu exponieren; sie fühle sich jetzt viel besser. – Sie sei froh, daß sie auch gewagt habe, sich ihrer Kindheit zuzuwenden. »Dieses Problem mit der Hexe hockt mir schon noch auf; da steckt wohl noch ein ganzer Brocken dahinter.« Aber sie habe jetzt nicht mehr solche Angst, wieder einmal hinzuschauen. – Sie hatte noch weiter ausführlich an den Vater denken müssen und gelegentlich Mitleid empfunden. »Merkwürdigerweise haben der Ueli (ihr Mann) und ich uns in dieser Woche besonders gemocht – Liebe gemacht –, und alles stimmte mal wieder.« Aber erstaunt sei sie gewesen, in wie vielen Situationen sie sich plötzlich genau wie ihre Mutter erlebt habe. Sie habe gar nicht gewußt, wie viele Vorschriften und Einschränkungen sie mache. Und einige Male habe sie sich ertappt, beinahe eifersüchtig auf die Kinder zu sein: »Wie die noch alles locker nehmen können! Und aggressiv sein können, ohne ein schlechtes Gewissen zu haben!«

Hinzugefügt sei hier noch, daß Mona im nächsten Psychodrama nicht den gleichen Spieler für den Vater wählte, sondern einen ganz dünnen jungen Mann, der vor allem die unterdrückte, unterentwickelte Seite des Vaters verkörperte, der unter seiner Frau wie unter einer Mutter litt, die ihm zu allem Vorschriften machte, bis hin zu dem Hemd, das er tragen sollte; die ihn an allem hindern wollte. Dann allerdings konnte er völlig versteinern und eiskalt werden.

Noch eine Bemerkung zur Psychodrama-Technik: Bei jedem Psychodrama wird jeder Spieler wieder neu in seine Rolle eingeführt, auch wenn die Rolle schon bekannt ist – der Vater oder die Mutter bereits in früheren Psychodramen vorgekommen waren –, und selbst wenn der gleiche Spieler sie schon gespielt hat. Aber: Der Spieler muß jedesmal neu mit der Macht der Rolle »aufgeladen« werden, um sich neu einfühlen zu können. Vor allem aber wird der Protagonist jedesmal andere Aspekte heraufbeschwören, die *jetzt* für ihn wichtig sind und mit denen er sich auseinandersetzen möchte. Die ganze Person kann er ohnehin nie auf einmal erfassen, weder objektiv noch subjektiv. Er wird sich immer an bestimmte Seiten wenden: an den Vater als Autorität zum Beispiel oder als Beschützer, als Konkurrenten, als den Übermächtigen oder als den viel zu Schwachen, der weder Halt geben noch Vorbild sein konnte, und so weiter.

Wie kann das geschilderte Psychodrama-Beispiel nun psychologisch gesehen werden?

Im Zusammenhang mit dem Erröten und der sexuellen Problematik, die dahinter steht, könnte man von Verdrängtem, von Inhalten des persönlichen Unbewußten sprechen. Das aus dem bewußten Erinnern Getilgte ist allerdings nicht ausgelöscht, sondern führt im Unbewußten ein Eigenleben, das sich störend bemerkbar macht.

Man könnte auch von »gefühlsbetonten Komplexen« sprechen. Klangen bestimmte Themen an, so reagierte die Protagonistin – entgegen ihren bewußten Absichten und Einsichten mit Affekten, die sie weder verstehen noch kontrollieren konnte.

Trotz einer scheinbar glücklichen Ehe war sie im Stadium

des jungen Mädchens stehengeblieben, das »Unmoral«, »Untreue« und andere bedrohliche Seiten des Lebens von sich fernhalten muß. Sie hat erst teilweise zu einer Identität als Frau gefunden. In ihrer Kindheit und Jugend fehlte ihr das Vorbild einer Mutter, die auch auf Unangenehmes »hinschauen« konnte. Die Mutter war nicht herzlich, warm, empfänglich – und sei es nur für die Freuden der Tochter. Sie bot keine emotionalen oder geistigen Anregungen, sondern flüchtete sich in organisatorische Tätigkeiten; sie lebte eher »männliche« Qualitäten, aber in einem undifferenzierten, uneigentlichen Sinn. Im Fachjargon: Sie war in einem »patriarchalen Animus« befangen.

Mona war aus der bedrängenden Tochter-Situation früh in ihre Ehe geflüchtet. Ihr Mann war zwar der Held, der sie erlöste, aber er blieb – wie sich später zeigte: aus einer ähnlichen Vorgeschichte heraus – bis jetzt mehr Bruder, als daß er Partner wurde, so wie Mona »Tochter« blieb. Sie hatte sich nur teilweise weiterentwickelt, was sie allerdings andersherum erlebte: Sie sah in ihrem Mann, ihrem »Projektionsträger«, keinen anregenden oder gar aufregenden Partner, sondern nur einen guten, geduldigen, aber doch eher langweiligen Ehemann. Gerade zu der Zeit, als sie ins Psychodrama kam, schien sich eine Wiederholung des Schicksals ihrer Mutter anzubahnen.

Im Psychodrama zeigte sich – durch den Traum bewirkt – eine weitere psychische Dynamik, die auf umfassendere Zusammenhänge schließen ließ: auf die archetypischen Strukturen, die das Erleben bedingten. Das spontane Wissen um die Gegenwart der Hexe enthielt den Schlüssel: Hinter diesem Bild stand der Archetypus der Großen Mutter in seinem negativen Aspekt. Anstatt lebensspendend wirkte er lebensbedrohend und lebenverhindernd. In der Hexe waren jene weiblichen Anteile enthalten, die weder im Leben der Mutter noch im Leben der Tochter zugelassen worden waren und die sich darum in geballter Form nun destruktiv aufdrängten: Gefühl und Leidenschaft, Lust und Begehren, Verführung und Hingabe.

Solange diesem Bild oder diesen Erlebensqualitäten kein

Tribut – das heißt keine bewußte Zuwendung – gezollt wird, bleibt die Macht zerstörerisch. Was immer Mona aus diesem Bereich begegnete – und sei es nur in der Verkörperung der Nachbarin –, mußte sie negativ, feindlich erleben; sie verfiel in einen Mechanismus, der sie in ihrer bewußten Einstellung in immer größere Einseitigkeit trieb.

In dem Maße, in dem sie sich nun dem »Bösen«, dem Negativen, dem Schattenaspekt der Großen Mutter oder dem ausgeklammerten Lebensprinzip zuwandte, konnten sich dessen angsterregende Aspekte wandeln. Und mit der sich wandelnden Einstellung zu den ausgeklammerten weiblichen Möglichkeiten wandelte sich auch ihr Bild vom Männlichen – in bezug auf den Vater wie auf den Ehemann.

Was Mona im Psychodrama erlebte, war mehr als eine Wiederholung von früher Erlebtem. Es hatte Symbolcharakter: Es hatte die Wirkkraft, die von archetypischen Bildern ausgeht. Darum wirkte dieses Erleben weit über das Psychodrama hinaus und bewirkte weitere seelische Prozesse.

Sie lernte erkennen, daß es eigene innere Stimmen, übernommene Ansichten und Verhaltensweisen waren, die ihr in anderen Menschen wiederbegegneten und ihr angst machten. Und sie lernte mit der Zeit, Eigenes zu erkennen und auf sich zu nehmen.

Es war stark anzunehmen, daß es ein Verhältnis des Vaters mit der Tante gegeben hatte und daß es sich um verdrängte Erinnerungen handelte, die hier aufgedeckt wurden. Aber gleichgültig, ob es sich um reale oder phantasierte Erlebnisse handelte: Für Mona waren sie auf jeden Fall Gewißheit und damit innere Wirklichkeit.

Bei der Aufarbeitung von Vergangenheit in der Psychotherapie geht es nicht um kriminalistisches Aufdecken von Tatsachen, sondern um das Erkennen und Annehmen von innerseelischen Fakten, die für den Betroffenen von gleicher Bedeutung, Realität und Intensität sind wie tatsächliche Begebenheiten. In ihnen manifestieren sich tiefgehende Erfahrungen, die das spätere Erleben beeinflussen und prägen.

Daß es Mona im Laufe der Zeit gelang, eigene, bis dahin als bedrohlich abgewehrte (weibliche wie männliche) Züge in sich zu erkennen und anzunehmen, zeigte sich nicht nur in einem veränderten Verhältnis zu den Elternfiguren, einschließlich der Tante, sondern zum Beispiel auch darin, daß sie mit der früher so gefürchteten Nachbarin (der Projektionsträgerin beinahe sämtlicher »negativer« weiblicher Eigenschaften) später mit Freuden Tennis spielte und überhaupt vieles unternahm, was sie sich früher nicht zugetraut hätte.

Gruppe und Individuum

»Zwischenmenschliche Beziehungen« im Psychodrama

In der therapeutischen Psychodrama-Arbeit sind natürlich die verschiedenen zwischenmenschlichen Beziehungen nicht zu unterschätzen. Es war Moreno, der in diesem Zusammenhang von den »interpersonal relations« sprach und drei Formen von »zwischenmenschlicher Beziehung« nannte: Einfühlung, Übertragung und Tele.

»Ich definiere Tele als einen objektiven sozialen Prozeß mit Übertragung als pathologischer und Einfühlung als psychologischer Abzweigung. Einfühlung ist zwar positiv, bringt in ihrer Bedeutung aber nicht die Gegenseitigkeit des Prozesses zum Ausdruck. Übertragung ist negativ und verantwortlich für die Auflösung und den Zerfall sozialer Beziehungen. Tele dagegen ist verantwortlich für eine zunehmende Interaktion zwischen den Gruppenmitgliedern . . .«[42]

Ganz allgemein kann man sagen, daß Einfühlung die Fähigkeit voraussetzt, sich zurückzunehmen, unvoreingenommen für den andern in *seiner* Gegebenheit offen zu sein, sich in ihn hineinzuversetzen und mitzufühlen. Einfühlung ist die Voraussetzung für jedes Doppeln im Psychodrama.

Zur wirklichen Einfühlung braucht es nicht nur Unvoreingenommenheit, sondern auch Selbstwahrnehmung und Selbstkenntnis, damit nicht eigenes Erleben mit dem des andern vermischt wird, auf ihn »projiziert« wird.

Diese Gefahr besteht, da Einfühlung ein einseitiger Vorgang ist: *Ich* fühle mich in das Wesen und die Lage des anderen ein. Da es dabei zu keiner Auseinandersetzung oder Begegnung kommt, kann meine Einfühlung weder als richtig bestätigt noch als inadäquat korrigiert werden. Und doch ist Einfühlung oder bewußte Identifizierung nötig, um am Erleben des anderen teilhaben zu können, und bedeutet eine Erweiterung der persönlichen Erlebnisbreite.

Der Begriff der Übertragung ist durch seine unterschiedliche Verwendung in verschiedenen psychologischen Schulen mißverständlich. Moreno verstand Übertragung im Sinne Freuds: »Setzt sich ein Mensch zu einem anderen in Beziehung, so ist der andere nicht als die Persönlichkeit, die er ist, von Bedeutung, sondern hauptsächlich als Träger unbewußter Wunsch- und Erinnerungsvorstellungen. Übertragungen sind als Beziehung auf die Dauer nicht tragfähig, da das Gegenüber in Wirklichkeit weder den Übertragungserwartungen noch den Übertragungsängsten entspricht. – Übertragung richtet keine echte Beziehung von Mensch zu Mensch, vom Ich zum Du auf. Das Gegenüber dient als mehr oder minder neutrales Objekt, an dem ohne Einfühlung ... eigene Beziehungsphantasmen *abreagiert* werden.«[43]

Bei Jung ist der Begriff »Übertragung« im Sinne des ins Deutsche übersetzten Wortes »Projektion« als zwischenmenschlicher Beziehungsprozeß differenzierter gefaßt. Hierbei zeigt sich deutlich, was ich bereits zum Begriff der Projektion im Zusammenhang mit dem Jungschen Symbolverständnis ausgeführt habe: Da der einzelne im Selbstwerdungs- und Selbsterkenntnisprozeß keinen Standpunkt außerhalb seiner selbst einnehmen kann, um sich von einem »archimedischen Punkt« her besser zu sehen und erkennen zu können, muß er zunächst psychische Anteile seiner selbst in die Außenwelt, auf Dinge wie auf Mitmenschen projizieren und kann erst dann, in der *Begegnung* mit ihnen, auch zu einer Auseinandersetzung mit sich selbst kommen, die ihn schließlich Projektionen als solche erkennen läßt. In der Auseinandersetzung mit den Projektionen oder Projektionsträgern kann er sich selber deutlicher erkennen und gleichzeitig den Mitmenschen besser wahrnehmen lernen: Es kann dann zu einer echten zwischenmenschlichen Begegnung kommen. Selbsterkenntnis ist kein theoretisches, gedanklich-abstraktes Geschehen, sondern ein Erlebnisprozeß.

Im Psychodrama wird die Dynamik des Spiels und der mitmenschlichen Erfahrung gerade durch die *Aufforderung* zu Projektionen gefördert, um im Umgang mit ihnen zur Einsicht in sie zu gelangen. Dies kann um so eher gelingen, als mehrere Personen als Projektionsträger dienen: jedes Gruppenmitglied im allgemeinen und jeder Spieler im besonderen. Verschiedene innerpsychische Faktoren, Wünsche, Ängste, positive wie negative Qualitäten, können auf verschiedene Menschen projiziert und in ihnen erlebt werden. Die Auseinandersetzung mit diesen Qualitäten ist jetzt leichter, als wenn man in einer »normalen« Beziehung (oder auch im therapeutischen »setting« in der Einzelanalyse) in dem *einen* Menschen ganz verschiedenen unbewußten Aspekten seiner selbst begegnet und Eigen- oder Fremdanteil unterscheiden lernen soll.

Aus Projektionen resultiert ein Fehlverhalten dem wirklichen Du gegenüber. Das wird immer wieder im mitmenschlichen Handeln erkennbar und wird im Psychodrama durch das Doppeln und vor allem den Rollentausch ganz besonders deutlich. Andererseits haben Projektionen auch einen therapeutischen Wert, denn: Können sie erst einmal eingesehen werden, so korrigiert sich nicht nur die Einstellung zum Du, sondern vor allem auch die Einstellung des Individuums zu sich selber.

»Der Individuationsprozeß hat zwei prinzipielle Aspekte: Einerseits ist er ein interner, subjektiver Integrationsvorgang, andererseits aber ein ebenso unerläßlicher, objektiver Beziehungsvorgang.« – »Will der einzelne zu sich selbst und zu seiner Mitte finden, so setzt das die Beziehung zum Mitmenschen voraus – et vice versa.«[44] Das heißt, es setzt auch voraus, daß der Mensch erst projiziert und die Projektionen nachher als Eigenanteil erkennt und integriert.

Entsprechend sieht Moreno die schöpferische Möglichkeit in menschlichen Beziehungen im »Teleprozeß« und meint damit die gegenseitige realitätsgerechte Wahrnehmung des anderen, aufgrund derer wirkliche Begegnung, gegenseitiges Erkennen und Beziehung möglich ist.

Im Psychodrama kommt es immer wieder zu Begegnung im Sinne realitätsgerechter Wahrnehmung des Gegenübers. Sie wird durch die verschiedenen Techniken des Psychodramas geübt und ermöglicht. Es kann konkreter eingesehen werden, daß die Welt und die Menschen nicht so sind, wie wir sie sehen oder sie uns vorstellen. Und imaginäre Beziehungen, die im wesentlichen auf Projektionen beruhten, können, wenn es gutgeht, in realitätsgerechte umgewandelt werden.

Damit widerfährt nicht nur dem Mitmenschen mehr Recht, sondern wir selbst finden damit gleichzeitig auch zu uns selbst, zur eigenen Mitte oder – in Jungscher Terminologie – zum Selbst.

»Die Beziehung zum Selbst ist zugleich die Beziehung zum Mitmenschen; und keiner hat einen Zusammenhang mit diesem, er habe ihn zuvor mit sich selbst.«[45] Das entspricht ungefähr der Antwort Jesu, als er, nach dem obersten Gebot befragt, antwortete (Mt 22, 36-39): »Du sollst Gott deinen Herrn lieben von ganzem Herzen, von ganzer Seele und von allen deinen Kräften ... Das andere aber ist ihm gleich: du sollst deinen Nächsten lieben wie dich selbst.«

Das Psychodrama bietet einen Übungsweg zu Selbsterkenntnis wie zu Nächstenliebe.

Verschiedene Einstellungen zu Gruppen

Nach der Beschreibung der verschiedenen Funktionen, die Protagonist und Gruppe im Psychodrama zufallen, drängen sich einige grundsätzliche Überlegungen zum Verhältnis von Individuum und Gruppe auf, und zwar besonders dann, wenn man Psychodrama aus der Sicht der Analytischen Psychologie betrachtet. Jung selber äußerte sich abwehrend bis scharf ablehnend allen Arten von Gruppen, Gruppenarbeit und gar Gruppentherapie gegenüber. Und unter Jungschen Therapeuten findet man bis heute noch bei vielen eine heftige Ablehnung der Gruppentherapie, obwohl es daneben auch eine zunehmende Zahl an Analytikern gibt, die darin eine positive Möglichkeit erblicken.

Der Begriff »Gruppe« ist in den Sozialwissenschaften noch heute ein unscharfer und mehrdeutig benutzter Terminus für eine Menge, Masse beziehungsweise abgrenzbare Zahl von Personen; diese Personen unterhalten besondere soziale Beziehungen untereinander und gegenüber Außenstehenden. »Gruppe« kann synonym gebraucht werden für Schicht, Klasse, Bevölkerungsteil.

In der Psychologie und Soziologie ist Gruppe neben Organisation der wichtigste Begriff für soziale Gebilde, durch die das Individuum mit der Gesellschaft verbunden ist.

Wie skeptisch Jung dieser Gegebenheit gegenüberstand, geht aus einem Brief hervor, in dem er 1955 zum Thema Gruppe und Gruppentherapie Stellung nimmt. Es »besteht die Gefahr, daß der einzelne aus der Gruppe Vater und Mutter macht und dabei so abhängig, unsicher und infantil wie zuvor bleibt«. Dann kann die Gruppe für das Individuum Bedrohung bedeuten: die Gefahr, zu regredieren, auf ein niedrigeres Niveau zurückzusinken. Aber auch der *kleinen* Gruppe stand Jung skeptisch gegenüber.

Entspringt diese heftige Ablehnung *aller* Gruppenphänomene vielleicht Jungs introvertierter Einstellung und darum seiner »eigentümlichen Einstellung zum Objekt«? »Der Introvertierte verhält sich dazu abstrahierend; er ist im Grunde genommen immer darauf bedacht, dem Objekt die Libido zu entziehen, wie wenn er einer Übermacht des Objektes vorzubeugen hätte.«[46]

Moreno dagegen, der zur gleichen Zeit an der Entwicklung der Soziometrie als Basis für alle Gruppentherapien arbeitete, gehört dem extravertierten Einstellungstypus an, von dem Jung im gleichen Zusammenhang sagt: »Der Extravertierte dagegen verhält sich positiv zum Objekt. Er bejaht dessen Bedeutung in dem Maße, daß er seine subjektive Einstellung beständig nach dem Objekt orientiert und darauf bezieht. Im Grunde genommen hat das Objekt für ihn nie genügend Wert, und darum muß dessen Bedeutung erhöht werden.«[47]

Trotz seiner ursprünglichen Skepsis räumte Jung aber – der Zeitentwicklung folgend – ein: »In unserer Zeit, welche der Sozialisierung des einzelnen so großes Gewicht beilegt, weil auch eine besondere Anpassungsleistung erforderlich ist, kommt der psychologisch orientierten Gruppenbildung gewiß eine erhöhte Bedeutung zu.« Und: »Die Gruppentherapie ist m. E. einzig imstande, den sozialen Menschen zu erziehen.«[48] – »Eine positive Beziehung zwischen dem Individuum und der Gesellschaft oder einer Gruppe ist sehr wichtig, da kein Individuum für sich lebt, sondern von der Symbiose mit einer Gruppe abhängt.«[49]

Jung kam schließlich »zu der unausweichlichen Einsicht, daß die individuelle analytische Therapie (einschließlich der ›psychoanalytischen‹ Methode) einen zwischen zwei Individuen ablaufenden dialektischen Prozeß darstellt und damit in kollektiv-sozialer Hinsicht nur ein einseitiges Resultat garantiert«[50], das darum ergänzt werden kann und auch sollte durch eine sorgfältig geleitete psychologische Arbeit in kleinen Gruppen, in denen der »soziale Mensch« sich in seinen mitmenschlichen Beziehungen bewußt erleben und entwikkeln kann.

Während die Einmaligkeit des Individuums im 19. Jahrhundert im Zuge der Analyse sozialer Erscheinungen ins Hintertreffen geriet, führte der Protest des Individuums dann in der ersten Hälfte des 20. Jahrhunderts unvermeidlich zu einer gedanklichen Entwertung der sozialen Systeme und ihrer Determinanten. Aus dieser Spannung heraus setzte mit Moreno die »eigentliche experimentelle Gruppenforschung« ein. »Moreno eröffnete einerseits mit Hilfe des sogenannten ›Soziogramms‹ neue Möglichkeiten zur Erfassung der dynamischen Struktur von Gruppen, zum andern führte er im Rollenspiel (›Psycho- und Sozio-Drama‹) die Gruppe in den Prozeß der seelischen Heilung ein.« (So schreibt nicht ein Anhänger von Moreno, sondern Peter R. Hofstätter in seinem sehr sachlichen Bericht über »Gruppendynamik«.)[51]

In der Einzelanalyse wie im Psychodrama geht es um die (Wieder-)Herstellung mitmenschlicher Beziehungen. Beide tragen damit dem Umstand Rechnung, daß jede Neurose unter anderem durch den Verlust sozialer Bezüge charakterisiert ist.

Darin ist auch die Auffassung enthalten, daß das Individuum und seine Rolle als sozialer Mensch zweierlei sind, aber doch untrennbar zusammengehören. Und Jung kommt zu dem Schluß: »1. Die Gruppentherapie ist unerläßlich zur Erziehung des sozialen Menschen. 2. Sie ersetzt aber die Individualanalyse nicht. 3. Die beiden Formen der Psychotherapie ergänzen einander. . . .«[52]

Die Psychodramagruppe

Im Psychodrama, wie es von Jungschen Therapeuten gebraucht wird, geht es um kleine Gruppen, in denen größere Selbsteinsicht oder »Selbst-Erfahrung«[53] gesucht wird.

Diese Gruppen bestehen im allgemeinen aus etwa zehn bis zwölf Teilnehmern und sind heterogen zusammengesetzt, das heißt, die Teilnehmer sind verschiedenen Alters, Geschlechts, oft auch aus verschiedenem sozialen Milieu. (Daneben kann es auch Gruppen geben, die sich durch eine ähnliche Problematik auszeichnen und deren Teilnehmer dann entsprechend zusammenpassen.) Immer sind alle Teilnehmer grundsätzlich gleichgestellt. Weder Alter noch sozialer Stand sollen Unterschiede im Umgang bewirken.

In jeder Gruppe wird sich mit der Zeit ein bestimmter Stil herauskristallisieren, je nach der Art der einzelnen Mitglieder, vor allem aber auch mitbestimmt durch die persönliche Einstellung des Leiters oder Leiterpaares.

Das Ziel wird in jedem Fall ein therapeutisches sein: Beseitigung von Symptomen, Lösung von Konflikten und letztlich sogar Heilung im Sinn von Ganzwerdung. Das mag bei Moreno heißen: das Zurückfinden zu einem kosmischen und das heißt bei ihm gleichzeitig mitmenschlichen Bezug; bei Jung: Selbstfindung, im Sinn einer möglichen Synthese von Bewußtsein und Unbewußtem, Bezug zu Innenwelt *und* Außenwelt, denn »Individuation schließt die Welt nicht aus, sondern ein«.[54]

Das allgemeine Ziel, zur Mitte zu finden, bedeutet für jeden: zu *seiner* Mitte zu finden. Und es kann *vielleicht* einmal heißen: zu dem auch die Gruppe konstellierenden Selbst, dem – von Jung hypostasierten – zentralen Archetypus, der alle anderen Archetypen oder Strukturen menschlicher Erlebensmöglichkeiten anordnet.

Es gibt kein verbindliches äußeres Gruppenziel, und so auch keine verbindliche »Gruppen-Idee«, es sei denn die Idee der Therapie, des »dienenden Handelns«, das zwar nicht verbindlich, aber verbindend sein kann.

Bei länger zusammenarbeitenden Gruppen entsteht eine starke Vertrauensbasis und das Bewußtsein gegenseitiger Verantwortung. Alle verbindet der gleiche Wunsch, sich mit konkreten oder noch undurchschaubaren Schwierigkeiten auseinanderzusetzen und mit Hilfe der Gruppe – oder manchmal trotz der Gegenwart anderer – in einen inneren Entwicklungs- oder Ordnungsprozeß einzutreten.

Es gibt insofern keine Insider oder Outsider, als die Gruppenmitglieder alle für eine bestimmte Zeit zusammenbleiben, ohne daß es einen Wechsel gibt. Das heißt aber auch, daß sie Schwierigkeiten miteinander in Kauf nehmen, verstehen und gemeinsam bearbeiten müssen. Alle sind »in«, ob sie bequem sind oder nicht. Gerade da liegt eine der Möglichkeiten, sich mit den eigenen Schwierigkeiten auseinanderzusetzen, wenn einem die »Fehler« der anderen viel Mühe machen, wenn einen der Balken in des Bruders Auge stört.

Im Psychodrama, wo es sich um einen Entwicklungsprozeß und nicht um »Theater« handelt, geht es nicht um die Persona. Dieser von Jung eingeführte Begriff meint die »Maske« (*persona* ist das lateinische Wort für Maske), die man sich zugelegt hat und hinter der man sich – oft unbewußt – gut verstecken kann. Wenn es je möglich ist, diese Persona weitgehend fallen zu lassen, um dahinter das eigene Gesicht kennenzulernen oder den anderen zu zeigen, dann ist das im Psychodrama der Fall. Dabei muß man »Persona« nicht nur im Sinne einer unechten Rolle verstehen oder nur als das äußere Kleid, in dem man sich der Umwelt gern präsentiert. Persona kann auch Schutz bedeuten, den »sozialen Mantel« des Individuums sozusagen, den es der Umwelt gegenüber braucht. Eine »Persona« – sei es die Maske oder sozialer Mantel – kann für einen Menschen mit einem schwachen Persönlichkeitskern oder in einem harten sozialen Milieu ein kaum zu veräußernder Schutz sein. Es braucht äußerstes Zutrauen, von der Gruppe wie vom Individuum, um mit der Zeit auf diesen Schutz verzichten zu können. Je mehr dies gelingt, je eigentlicher der einzelne sein kann, um so vollständiger wird er von den andern erkannt und angenommen und meistens sogar geliebt.

Keiner wird aber aufgefordert, preiszugeben, was er nicht preisgeben möchte. Das mag die Persona betreffen oder andere Inhalte, die geheimgehalten werden möchten. Die Gruppe verbindet gerade das Gefühl, etwas Geheimzuhaltendes hüten zu müssen, nämlich die Verwundbarkeit jedes einzelnen in ihr.

Darum gilt: Je größer das gegenseitige Vertrauen und die Offenheit in der Psychodramagruppe ist, um so selbstverständlicher kann Verschwiegenheit gegenüber Außenstehenden vorausgesetzt werden.

In diesen Gruppen wächst Verantwortungsbewußtsein. Moreno verlangte, daß es in therapeutischen Gruppen für jedes Mitglied die Verpflichtung zur Verschwiegenheit geben müsse und vor allem das feste Bewußtsein, daß nichts, was einem anderen schaden könnte, je einem Außenstehenden mitgeteilt werden dürfe. Darin sah er eine Entsprechung zum hippokratischen Eid. Ein »Gruppeneid wäre unpsychologisch und stünde im Widerspruch zu dem spontanen Charakter der gruppenpsychotherapeutischen Sitzungen«. Es geht aber darum, daß die Mitglieder allmählich »ihre gegenseitige volle Verantwortung« verstehen und dementsprechend handeln lernen.[55]

In der Tat ist es möglich, eine so geartete Form von Verantwortlichkeit der einzelnen zu erreichen; denn jeder fühlt sich gleichzeitig allen andern preisgegeben wie durch ihre Verschwiegenheit geschützt.

Damit bietet die Psychodramagruppe den geschützten Raum, der für sehr persönliche Prozesse nötig ist. Zu diesem geschützten Raum tragen im weiteren die rituell eingehaltenen Formen, die Spiel-Regeln, bei, ebenso wie der gesamte Aufbau des Dramas, dessen Urmuster in der griechischen Tragödie zu finden ist. Darauf werde ich im folgenden Kapitel noch etwas näher eingehen.

Individuum und Gruppe im Psychodrama

Individuum und Gruppe sind wie zwei Pole, die aufeinander bezogen sind: Sie stellen zwei Gegensätze dar und bedingen einander gleichzeitig. Sie verhalten sich komplementär zueinander. Die Gruppe ist nur dadurch eine Gruppe, daß in ihr eine Anzahl einzelner versammelt ist, die sich mehr oder weniger voneinander abheben. Der einzelne wird aber erst zu einem solchen, indem er sich aus der Gruppe herauslöst und ihr gegenübersteht.

In diesen zwei Aspekten liegt eine der Ursachen für die Ambivalenz, die viele Menschen heute Gruppen gegenüber empfinden: Sie fühlen sich durch die Bezogenheit und Geborgenheit, die in einer Gruppe gegeben ist, angezogen und haben doch gleichzeitig das starke Bedürfnis nach Individualität.

Die meisten *Widerstände* gegen Gruppenarbeit und Gruppentherapie entspringen der *Angst*: Angst, nicht akzeptiert zu werden, Angst vor Autorität, vor einem Überrolltwerden, sei es durch die Gruppe oder den Leiter. Es gibt Angst vor dem kollektiven Bewußtsein der Gruppe, einem sogenannten Gruppen-Geist, und die Angst, von den Mitmenschen als »Psycho« abgestempelt zu werden. Unbewußt haben viele Menschen auch davor Angst, daß in der Psychodramagruppe ihre Persona sich als nicht stark genug erweisen könnte und dahinter Schwächen aufgedeckt werden könnten, die man ja gerade vor sich und der Umwelt nicht wahrhaben will. Niemand möchte ohne »sozialen« Mantel, nackt, dastehen. Aus Angst oder Mißverständnis hat mancher sich einen Elfenbeinturm für alle inneren Werte gebaut und nimmt lange eine Isolation darin in Kauf, die dann mit »Individuation« verwechselt wird.

Anderen schließlich steigt – allen bewußten Überlegungen zum Trotz – eine Ahnung auf, daß etwas nicht stimmt oder zumindest einer Ergänzung bedarf; es bedarf des »menschlichen Zusammenhangs«. Diese Menschen spüren unbewußt: »Die Beziehung zum Selbst ist zugleich die Beziehung zum Mitmenschen, und keiner hat einen Zusammenhang mit diesem, er habe ihn denn zuvor mit sich selbst.«[56]

Es geht darum, erst einmal eine »richtige« Beziehung zu sich selbst zu finden, sich immer neu zu sehen, jetzt vielleicht in dem Spiegel, den einem die andern vorhalten – um danach zu einer realitätsgerechteren, fruchtbaren Beziehung zum Mitmenschen zu kommen.

Aber jeder einzelne ist nicht nur bestimmt durch seine bewußte Einstellung, sondern ist zudem in unbewußte kollektive Zusammenhänge gestellt. So wie er teilhat am kollektiven Bewußtsein, so hat er auch teil am kollektiven Unbewußten. Dabei besteht die Gefahr, daß er sich nicht genügend mit den Inhalten des kollektiven Bewußtseins auseinandersetzt, sondern daß das subjektive Bewußtsein sich mit den Inhalten des kollektiven Bewußtseins identifiziert und aufbläst, wobei die Inhalte des kollektiven *Unbewußten* ganz verdrängt werden und dadurch eine energetische Aufladung erfahren. Der einzelne steht dann den Phänomenen eines solchermaßen potenzierten kollektiven Unbewußten hilflos ausgeliefert gegenüber.

Das Ergebnis ist der sogenannte Massenmensch, wobei sich niemand dafür hält. Es gehört inzwischen geradezu zum kollektiven Bewußtsein, den Massenmenschen geringzuschätzen und sich von ihm bewußt zu distanzieren. Gerade der Nachdruck, mit dem jeder den Aspekt des Massenmenschen von sich weist, läßt einen Schattenaspekt in uns selber vermuten. Was vom Bewußtsein so verurteilt wird, hat im Unbewußten eine Wirkung.

Neumann schrieb bereits 1949: »Der Massenmensch im Unbewußten des modernen Menschen aber ist eine psychische Teilstruktur, eine Teilpersönlichkeit, die ... da, wo sie autonom wirkt, verhängnisvolle Wirkungen haben kann. ... Dieser unbewußte Massenmenschteil steht im Gegensatz zum Bewußtsein ... er ist irrational und emotional, antiindividuell und destruktiv. ... Schatten und Persönlichkeitsteil und dunkler Bruder des Ich ist er nur bei einem Integrationsprozeß, der, vom Ich ausgehend, bewußt in die Tiefe des Unbewußten steigt, ihn aufsucht und ans Bewußtsein bindet.«[57]

In der Psychodramagruppe kann es möglich werden, diesen kollektiven Schattenaspekt, den Massenmenschschatten, in der Tiefe des Individuums zu entdecken, zum Beispiel an kollektiv übernommenen Verhaltens- und Reaktionsmustern; und es kann gelingen, diesen als psychische Komponente der eigenen Person anzuerkennen. Ebenso wird im Psychodrama ja auch anderen Teilaspekten der Persönlichkeit sehr konkret begegnet. Der Massenmensch in uns könnte hier aus seinem Schattendasein herausgeholt und bewußt erlebt werden, und das bedeutet eine »Persönlichkeitserweiterung«.

Eine weitere unbewußte Anziehung zwischen Individuum und Gruppe wird bewirkt durch den Schattenaspekt der »atomisierten Individualität« (Neumann). Der ursprünglich positive Prozeß der Emanzipation von Ich und Bewußtsein aus der Übermacht des Unbewußten oder der Bevormundung durch Kollektive und Autoritäten hat zu einer Spaltung zwischen den Systemen geführt und zur Entstehung eines atomisierten Individualismus.

Nach dem ersten Stolz über den Erfolg setzt die Wahrnehmung der Isolation ein: Der einzelne hat weitgehende Freiheit, ist dadurch aber auch weitgehend unbezogen. Immer seltener ist der einzelne Mensch in einer natürlichen Gruppe, einer lebendigen Gemeinschaft geborgen, da selbst die kleinste Gruppe, die Familie, sich in Auflösung zu befinden scheint.

Zur bewußten Anpassung an die Umwelt gehört heute fast die Verpflichtung, eine gewisse »Individualität«, eine »persönliche Note« zu haben. Stichworte wie »Selbstverwirklichung« sind zu Modeworten geworden.[57a] Überflutet von Informationen und »Kreativitäts«-Angeboten, weiß der einzelne immer weniger, wo und ob er überhaupt verwurzelt ist, zu wem er gehört, was der Sinn seines Lebens ist.

So stellt Neumann fest: »Die Menschheitsrevolution der Moderne, in deren Sturmzentrum wir uns heute befinden, hat mit ihrer Umwertung aller Werte zu einer Orientierungslosigkeit des einzelnen und des Ganzen geführt, deren Störungen wir politisch im Kollektiv – und psychologisch im Individualgeschehen täglich neu erfahren und erleiden.«[58] Derart orientierungslos gewordene Menschen leiden nicht nur an dem Verlust äußerer wie innerer Werte, sondern zunächst vor allem daran, daß ihnen ihre Beziehungslosigkeit und Beziehungsunfähigkeit bewußt wird. Sie verkrampfen sich und haben den einfachen Bezug zu ihren Instinkten und ihrem Unbewußten verloren.

Sie wenden sich an die Gruppe, weil ihnen ihre »Einsamkeit innerhalb der [sie] seelisch nicht tragenden Massenverbindungen unerträglich wird«. Der »unorientierte, rationalistische, atomisierte und vom Unbewußten abgespaltene«[59] moderne Mensch kommt zur Gruppe in der unbewußten Hoffnung, an diesem Ort Zugang zu seinen ungelebten Gefühlen und zu anderen Menschen zu finden. Allerdings wird er hier auch auf die Ursache seiner atomisierten Individualität stoßen. Das heißt, er wird mit psychischen Gegebenheiten konfrontiert werden, die er bisher in seinem Streben nach Anpassung ausgeklammert hatte.

Bedeutet die Hoffnung auf Mitmenschlichkeit, die Rückkehr in eine Gruppe, Regression? Erwacht hier so etwas wie Sehnsucht nach dem verlorenen Paradies? Soll die Gruppe »den Mangel an individuell Eigenem« decken (Jung)? Oder soll die Gruppe Ersatz sein für soziale Beziehungen, die verlorengingen?[59a]

Gewiß können aus der Isoliertheit oder Beziehungsunfähigkeit infantile Wünsche nach Geborgenheit im warmen Gruppenkollektiv entstehen. Aber die gleichen Erwartungen und Sehnsüchte führen ebenso oft in eine Einzelanalyse, zu einer Vater- oder Mutterfigur, die Zeit für einen hat, der man alles sagen kann und bei der man sich angenommen fühlt.

Es geht in der Arbeit mit dem Psychodrama nicht um Rekollektivierungsphänomene, sondern um den Versuch einer Neuorientierung – allerdings mit Hilfe der Gruppe und in Auseinandersetzung mit ihr. Es geht um eine neue Beziehung zu sich selbst wie zum Mitmenschen; und es geht um Sinn-Erfahrung.

Jedes Gruppenmitglied im Psychodrama hat sich bisher an seine Umwelt angepaßt, gleichgültig, zu welchem Zeitpunkt seines Lebens es in die Gruppe eintritt. Es ist eine selbstverständliche Orientierung und Anpassung, die den individuellen Anlagen und den eigenen Funktionsmöglichkeiten entsprechen. Und es ist dabei ebenso selbstverständlich, diejenigen Tendenzen in sich zu unterdrücken oder gar zu verdrängen, die der Anpassung nicht förderlich sind. Das bedeutet aber eine Unterdrückung »unpassender« Einstellungen (bei einem Extravertierten meist eine weitgehende Abwendung von Introversion und umgekehrt) und eine Vernachlässigung der minderwertigen Funktion. (Ein Fühltyp vernachlässigt entsprechend die Denkfunktion, weil sie doch »nichts taugt« und er damit nur unangenehmes Aufsehen erregen könnte; ein Empfindungstyp unterdrückt die Intuition, die ihn in die Irre leiten könnte, und so weiter.)

Diese Ausklammerung bestehender Möglichkeiten aber bringt nicht nur eine seelische Einseitigkeit und Verarmung mit sich, sondern steht der sogenannten Individuation, das heißt dem Ganzwerdungsprozeß, grundsätzlich im Wege. Es wird der Zeitpunkt erreicht, da die einseitige Bemühung um Befriedigung der Umweltanforderungen in Erschöpfung, Unzufriedenheit, Depression oder Rebellion umschlägt. Gefühle der Leere und des Nicht-gelebt-Habens stellen sich ein. Die psychische Energie zieht sich zurück, man »erlahmt«, es findet ein Umschwung aus der bisherigen Progression (dem fortschreitenden Anpassungsprozeß) in die Regression statt.

Dies mag der Augenblick sein, in dem ein Mensch eine Analyse beginnt oder in die Psychodramagruppe kommt. Eine nicht genau benennbare Unzufriedenheit hat ihn ergriffen, und eine vielleicht nur unbewußte Hoffnung auf Erneuerung läßt nach neuen Wegen suchen. Dies jedenfalls wäre eine instinktsichere Reaktion. Schlimmer ist es, wenn das Unbehagen zwar gespürt, aber danach verdrängt und immer wieder verdrängt wird (was gerade in unserer Kultur, die immer noch nicht sehr hellhörig für seelische Strömungen ist, meistens geschieht).

Wird die innere Spannung, die durch einseitige Anpassung entsteht, nicht beachtet, führt sie zum Konflikt. Der Konflikt wird möglichst auch übersehen, wird verdrängt beziehungsweise auf äußere Ursachen zurückgeführt, und dies führt schließlich zu einer Spaltung zwischen den gewollten und den unterdrückten Kräften oder Funktionen, zu einer »Spaltung der Persönlichkeit«, zur Neurose.[60] Man entwickelt Symptome, Fehlverhalten, fühlt sich elend, aggressiv oder depressiv.

Es ist zu hoffen, daß spätestens jetzt jene Regression einsetzt, zu der es schon nach den ersten Zeichen des Unbehagens hätte kommen sollen. Die Regression nämlich ist eine Anpassung an die Forderungen der *Innenwelt.* Regression folgt der Progression – wie der Schlaf dem angestrengten Wachbewußtsein, und sie kann, wie der Schlaf, regenerierend wirken.

War die Einstellung hauptsächlich extravertiert, wendet man jetzt vielleicht das Augenmerk nach innen, dem inneren Wesen der Dinge und seiner selbst zu. War man vorwiegend introvertiert und von subjektiven seelischen Prozessen angezogen, so kann es jetzt nötig werden, sich – zum Beispiel in der Psychodramagruppe – nach außen zu wenden, aus sich herauszukommen; aber auch die anderen wahrzunehmen, auf ihre Handlungen etc. zu achten, sich auf sie zu beziehen.

Beide Einstellungen können sowohl progressiv wie regressiv gelebt werden (in der Regression aber gegenläufig zur erblich bedingten oder zur erworbenen Einstellung). Je mehr die Ziele des bisherigen Anpassungsstrebens an Wert verlieren, ja sinnlos werden, desto stärker wird die Bedeutung derjenigen psychischen Möglichkeiten erfahren, die bisher ungelebt oder unbeachtet blieben. Das bedeutet, daß die unbewußten Inhalte – aus dem persönlichen wie aus dem kollektiven Unbewußten – eine immer größere Macht gewinnen, ja eine Gefahr bedeuten können, wenn ein schwaches Ich ihnen ausgesetzt ist, das von ihnen überschwemmt wird.

Außerdem blieben die bisher ausgeklammerten Inhalte dadurch, daß sie nicht zum Leben zugelassen wurden, unentwikkelt und weisen darum archaische und oft bedrohliche oder sehr unangenehme Züge auf.

Regression ist also nicht nur ein erquickender Schlaf, sondern kann auch ein Schlaf mit Alpträumen sein, mit Schrekken, aus denen man nur schreiend erwacht. Der »Alptraum« kann zum Beispiel sein, daß man sich in einer Gruppe behaupten muß, Sinn im Umgang mit den verschiedenen Mitgliedern finden soll – oder er läßt uns archaische Teilaspekte unserer Psyche schmerzhaft und real erleben.

Natürlich sträubt sich das angepaßte Bewußtsein gegen die

Annahme regressiver Inhalte und Bedürfnisse. Aber die Unmöglichkeit weiterer Progression führt auch ohne die Zustimmung des Bewußtseins in die Regression, und diese bedeutet die Anpassung an die psychische Innenwelt, wie immer sie sich zeigen mag.

Ist eine Anpassung an die Innenwelt erreicht oder durch Konflikte, Alpträume, Symptome erzwungen worden, dann wird seelische Energie wieder frei zur Progression. Stellt das Bewußtsein dann den Anschluß an die in der Regression aktivierten psychischen Inhalte her, so resultiert daraus ein Schritt zu größerer Ganzheitlichkeit.

Die Gruppe bietet die Möglichkeit zur Regression im eben beschriebenen Sinne.

Der unbewußten Sehnsucht nach Ganzheit mag die Gruppe als *Abbild* einer Ganzheit entsprechen. Sie kann auch einen Prozeß zur Ganzheit hin unterstützen, kann aber selber kaum verwechselt werden mit dem Ziel des Prozesses. In anderen Worten: Die Gruppe ist kein Archetyp, sondern höchstens ein Bild einer archetypischen Gegebenheit. Erst recht verkörpert die Gruppe nicht das Selbst. Dieses kann sich in ihr höchstens manifestieren.

Die Psychodramagruppe aber bietet in besonderem Maße Voraussetzungen, mit den in der Regression auftauchenden Phänomenen umzugehen. Sie bietet einen geschützten Raum, in dem auch archaische, unentwickelte und darum unangenehme Aspekte durch psychodramatische Methoden gestaltet werden können.

Die konkrete, im Handeln erfahrene Begegnung mit psychischen Inhalten hat eine starke Wirkung, sie be-wirkt, verändert. Auch primitiv anmutende – weil ungeübte, noch ungeschickte – Versuche zur Introversion sind hier nicht nur möglich, sondern werden ernst genommen; genauso wie läppisch oder aggressiv anmutende Versuche zu einer bisher vernachlässigten Extraversion. In der Welt »draußen« würde mancher Versuch, Gefühle zuzulassen und gar auszudrücken, sie in Gebärden zu zeigen und zu erleben, kläglich scheitern. (Wie oft werden noch heute Tränen verschämt abgewischt!) Im geschützten Rahmen der Psychodramagruppe wird jeder daran teilnehmen und das eigene Gefühl – bildlich gesprochen – danebenstellen. Das geschieht im Spiel wie im »sharing«, beim Miteinander-Teilen.

Die Psychodramagruppe kann aber auch den Rahmen bieten, in dem Grausamkeit, Verletzung und Schuld vor aller Augen gezeigt werden können. Diese Kräfte, die aus Anpassung an die Umwelt und um die Mitmenschen zu schonen, aber auch aus eigener Angst, ihnen zu begegnen, unterdrückt wurden, werden hier nun Realität: Es bietet sich eine neue Möglichkeit, mit ihnen umzugehen. Sie verlieren nichts von ihrer Bedrohlichkeit, ihrem bedrückenden Ernst, aber sie verlieren etwas von der Sprengkraft, die sie durch das Verdrängtsein, das Geheimgehalten-Werden, die Schande erhalten hatten. Insofern bekommt die Psychodramagruppe aufgrund ihrer Zeugenschaft eine Funktion, die sonst nur dem Beichtvater zufällt; und die Befreiung des Protagonisten von lastender Bedrückung kann vielleicht mit der Absolution verglichen werden.

»Erlösung oder Heilung geschieht modo participationis, durch Teilhabe, nämlich an einem Objektiven«, sagt Tillich als Theologe.[61] Alle in der Gruppe – einschließlich der Leiter – haben teil am objektiven Geschehen und Eingestehen von Destruktivität und Schuld. Und alle werden Zeugen der heilenden Wirkung solcher mutiger radikaler Dramen.

Es liegt nahe, daß Außenstehende die Gefahr sehen, die Mitglieder könnten die Rolle der Gruppe überhöhen, gar das »Selbst« auf die Gruppe oder auf die Leiter – die quasi erhöhten Eltern – projizieren. Und es könnte die Gefahr bestehen, daß diese solche Projektionen auch übernehmen und in eine Inflation, eine Selbstüberschätzung geraten. Ist man am psychodramatischen Geschehen beteiligt, erlebt man das Ringen des Protagonisten und jedes einzelnen, die gefühlsmäßige Beteiligung und Betroffenheit aller, und spürt man gleichzeitig die Machtlosigkeit des einzelnen, aber auch, wie das Geschehen sich von selbst strukturiert, an dem alle zusammenwirken – dann scheinen solche Befürchtungen banal, ja fast überheblich.

Wenn das Selbst als der zentral anordnende Archetypus gesehen wird, der alle archetypischen Strukturen bewirkt, und wenn im Psychodrama archetypische Situationen strukturiert, das heißt dargestellt und erfahren werden, dann kommt kaum ein Teilnehmer auf die Idee, er oder der Leiter oder irgend jemand anderer habe das »gemacht«. Dagegen sagte ein Teilnehmer einmal, ein Priester: Wenn er je das Wehen des Heiligen Geistes gespürt habe, dann sei es hier im Psychodrama gewesen.

Damit soll nun wiederum nicht die Bedeutung des Psychodramas überhöht werden. Doch ist diese Bemerkung ein Hinweis auf die Macht der Kräfte, die in der zwischenmenschlichen Begegnung wirken.

Wenn im Psychodrama sich jeder einzelne um den Kern seiner Seele, sein Selbst bemüht, so stellt sich die Frage nach dem möglichen Erleben des Numinosen im Psychodrama.

Moreno hat es in einer fast kindlich-direkten Art gesagt: »Gott ist nicht tot. Er lebt im Psychodrama.«[62] Und Jung hat in einem Brief geschrieben: »Das Selbst ... ist seinem Wesen nach eine Vielheit. Es ist sozusagen eine Gruppe. Es stellt eine Kollektivität dar und schafft Gruppen, wenn es im positiven Sinn wirkt.«[63]

Das Vertrauen darauf, sich als Gruppe in dieser Weise »geschaffen« zu wissen, könnte jedem einzelnen in der Gruppe Mut machen, der eigenen Seele hier tiefer und vollständiger zu begegnen.

Jeder Teilnehmer einer Psychodramagruppe hat »Regressionsbedürfnisse«. Von der Intensität und Radikalität der Regression hängt zugleich der Charakter einer möglichen nachfolgenden Progression ab. Angestaute Energie wird umgewandelt, und es kommt zu einer neuen Einstellung den Anforderungen der Innen- wie der Außenwelt gegenüber. Dabei kann das Psychodrama von großer Hilfe sein. Eine Einzelanalyse kann es jedoch nicht ersetzen, schon aus dem einfachen Grunde, daß der einzelne zu selten Protagonist sein kann. Außerdem werden die auftauchenden Inhalte nicht intellektuell analysiert, sondern mehr in ihrem emotionalen Gehalt erfahren, so daß bei ausschließlicher Psychodramatherapie die Gefahr bestünde, daß die »analytische« Verarbeitung der gefühlsmäßig erfaßten Fakten zu kurz käme.

Daß umgekehrt die nur intellektuelle Durchdringung des unbewußten Materials in der Einzelanalyse nicht ausreicht, schreibt Jung in »Die Psychologie der Übertragung«: Manche »drängen nach dem denkerischen Begreifen und wollen das Stadium des reinen Geschehens ungeduldig überspringen. Und wenn sie verstanden haben, so erscheint es ihnen, als ob damit der Realisierung Genüge getan sei. Daß sie aber auch ein Gefühlsverhältnis zu ihren Inhalten haben sollten, kommt ihnen merkwürdig oder gar absurd vor. Das intellektuelle Verständnis sowohl wie der Ästhetizismus verschaffen das ebenso trügerische wie bestechende Gefühl von Befreiung und Überlegenheit, das durch das Dazwischentreten der Gefühlsbetonung in die Brüche zu gehen droht. Letztere nämlich bedeutet eine gewisse Gebundenheit an Existenz und Sinn der symbolischen Inhalte und daher auch eine Verbindlichkeit derselben für das ethische Verhalten . . .«[64]

Psychodrama als Spiel

Im Psychodrama wird das »Stadium des reinen Geschehens« erlebt. Hier ist der ganze Mensch betroffen, ist leiblich und seelisch beteiligt. Hier sind Emotionen zugelassen und werden im Spiel gestaltet.

Psychodrama kann man dann als Spiel verstehen, wenn man es nicht mißversteht als »*nur* ein Spiel«, *nur* Phantasie, fern der Realität, außerhalb des »wirklichen« Lebens. Gerade das Umgekehrte ist der Fall: Das Spiel kann das »wirkliche« Leben des Alltags an Intensität übertreffen und kann mehr sein als die äußere Realität.

Das Spiel zeichnet sich dadurch aus, daß es einen besonderen Platz im »gewöhnlichen« Leben einnimmt, daß es nur zu bestimmten Zeiten stattfindet und von bestimmter Dauer ist. Das gilt selbst für das Spiel des Kindes, dessen Leben noch ganz Spiel zu sein scheint. Dennoch hebt sich das Spiel von anderen Zeiten ab und gelingt nur unter bestimmten Bedingungen.

Im Spiel werden Welten geschaffen: Innere Welten werden dargestellt, aufgebaut und als wirklich erlebt. Auch heute noch, im kindlichen Spiel wie im Psychodrama.

So wie hier mit Ernst seelisches Erleben in Raum und Zeit gestaltet wird und wie es sich im Reifungs- oder Heilungsprozeß spielend weiterentwickelt, so vollzieht »die frühe Gemeinschaft . . . ihre heiligen Handlungen, die ihr dazu dienen, das Heil der Welt zu verbürgen, . . . in reinem Spielen im wahrsten Sinne des Wortes«. So schreibt Huizinga in seinem Buch »Homo Ludens« (»Der spielende Mensch«).[65] Moreno nannte das Spiel des Psychodramas ein »Naturheilverfahren«. Im Spiel wird Welt neu geschaffen – oder wieder zurechtgerückt, im Großen wie im Kleinen, in Kollektiven wie im Leben des einzelnen; in heiligen Handlungen, in Mysterienspielen, in Stierkämpfen – und auch in Psychodramen.

Huizinga schreibt, daß für Platon die Identität von Spiel und heiliger Handlung noch ohne Vorbehalt gegeben war und daß er sich nicht scheute, die geweihten Dinge in die Kategorie des Spiels miteinzubeziehen. Und er zitiert: »Man muß Ernst machen mit dem Ernsten, und es ist Gott, der alles seligen Ernstes wert ist, der Mensch aber ist dazu gemacht, ein Spielzeug Gottes zu sein, und das ist wirklich das Beste an ihm. So muß denn jedermann, ein Mann so gut wie eine Frau, dieser Weise folgend und die schönsten Spiele spielend das Leben leben, gerade umgekehrt gesinnt als jetzt . . . Das Friedensleben also muß ein jeder so gut wie möglich verbringen. Wie ist dann die rechte Weise? Spielend muß es gelebt werden, gewisse Spiele spielend, opfernd, singend und tanzend . . . «[66]

Hier vereinen sich *Spiel und Ritus* in einem Geschehen. Die formalen Merkmale des Spiels wie des Ritus gehören als Grundelemente auch zum Psychodrama.

Wenn es darum geht, sich auf besonders schwierige Themen oder Konflikte im Rahmen einer Gruppe emotional einzulassen, können sich dabei unerwartete und oft erschrekkende Tiefen der Psyche auftun. Dann ist der geschützte Raum, den das Psychodrama bietet, eine grundsätzliche Voraussetzung und Hilfe: Zu der Zuverlässigkeit der Gruppe kommen der genau strukturierte Aufbau des Spiels und die rituell vollzogenen Schritte der Handlung. Ritus wie Spiel sind die Elemente, die dem Psychodrama den äußeren Rahmen und den inneren Zusammenhang geben und seinen Sinn erkennen lassen.

Ich gehe zunächst auf die rituellen Elemente im Psychodrama ein und danach auf die Eigenschaften, die es mit dem Spiel teilt.

Riten bedeuten Schutz vor Willkür oder Zufälligkeit, vor Unerwartetem, Bedrohlichem. Sie bestehen in Wiederholung bestimmter Handlungen, und jeder Teilnehmer bei einem Ritual ist gehalten, sich den verschiedenen Handlungen einzufügen, sich unterzuordnen, sie zu achten, sie in Ernst zu vollführen; denn sie stellen für die Beteiligten etwas Verbindliches dar.

Der Ritus selber enthält keinen bestimmten Inhalt. Er ist symbolische Handlung – im eingangs definierten Sinn – und dient einem größeren Zusammenhang, hier dem des Psychodramas. Man könnte sagen, es entstehe hier durch den rituellen Vollzug jedesmal ein neuer Kosmos. Denn jedes Psychodrama ist eine Art Neuschöpfung, wenn der Protagonist aus dem Chaos oder dem Vielerlei, das ihn zuvor bedrängte, hier und jetzt *seine* Welt erstehen läßt und zu *seiner* Zeit findet. Sein »innerer« Ort kann die Summe oder Essenz vieler Orte sein; seine »innere« Zeit kann Ursprungssituation, Gegenwart und Zukunft im Jetzt enthalten.

Die eingangs beschriebenen, immer gleich vollzogenen Schritte im Psychodrama, die drei Stufen, die zur Spielebene führen, können auch als »Übergangsriten« gesehen werden. Es muß der Übergang von der Außenwelt zur Innenwelt vollzogen werden; von einer Einstellung in eine andere; von einem psychischen Zustand – dem des angepaßten hellen Tagesbewußtseins – in einen anderen, in dem Imagination, kreative Gestaltung innerer Aspekte durch ein »abaissement du niveau mental« möglich wird.

Es ist auch der Übergang von einer Gruppe in eine andere: der von den Menschen draußen zu der Psychodramagruppe, den Zeugen und Mitspielern, die wiederum – vermittels einer neuen »rite de passage« – zu der Gruppe der Innenfiguren des Protagonisten werden.

Moreno nannte die ganzheitliche Ausdruckskraft des Psychodramas eine »kosmische Art der Verständigung«. Es ist »das Totale ... der übersprachlichen und der vorsprachlichen Welt, aus der die sprachliche Welt sich als Teil (erst) absonderte«.[67]

Der Ritus als ernsthaft vollzogene Handlung wirkt tiefer, als verbale Verständigung oder averbales Ausagieren es könnten. Er umfaßt den ganzen Menschen, sowohl den Handelnden wie den Schauenden, mit Leib und Seele. Der Ritus ist eine sinnliche Vergegenwärtigung einer seelischen Erfahrung: Etwas Ungreifbares wird sinnlich faßbar und anschaubar.

Ritus heißt »gehen«; und gehen bedeutet Weg. Der Ritus ist das Mittel, das jeden Teilnehmer sowohl zu seinem eigenen Weg hindrängt wie zum Mitgehen mit den andern auf einem Stück ihres Weges.

Im Psychodrama verbinden sich Elemente von Gruppenritualen und von Individualritualen, wie Erich Neumann sie in seinem Aufsatz »Zur psychologischen Bedeutung des Ritus« unterscheidet.[68] Die Gruppenrituale bilden den Rahmen, die Individualrituale sind die Gestaltung des Psychodramas selber. Wie früher im Gruppenritual sind hier wieder alle Mitglieder der Gruppe Teilnehmer der Handlung. Aber sie verschmelzen nicht mit dem Gruppengeschehen, sondern begleiten es durch Einfühlung und Mitgehen.

Auch wenn es dem einzelnen nicht bewußt wird, spürt er eine besondere Wirkung, denn im Ritual reagiert etwas Überpersönliches, nicht mehr Ich-haftes im Menschen auf eine überpersönliche, archetypische Situation. Auch scheinbar profane Handlungen oder Szenen bekommen Gewicht und eine Bedeutung, die sie sonst in der Erinnerung oder Vorstellung nicht hatten.

Für diese Erfahrung ist die vorübergehende Re-Integrierung in eine Gruppe eine wichtige Voraussetzung, denn in der Gruppe ist es möglich, mit rituellem Handeln in Kontakt zu kommen, das heute sonst beinahe ganz verloren ist. Dabei besteht ein sich immer deutlicher zeigendes Bedürfnis nach Ritualen. Eine gewisse Fähigkeit, Rituale zu vollziehen, muß aber erst wiederhergestellt werden. Dies geschieht im Psychodrama durch die scheinbar so selbstverständlich immer gleich ablaufenden Handlungen (Einführung, Aufbau, Abbau, Eingangsformel, Schlußsatz etc.), durch die man auf Übergreifendes, Transpersonales erst wieder aufmerksam wird.

Im Psychodrama geht es um eine »Exteriorisierung eines inneren Vorgangs« (wie Neumann es vom Ritual sagt). »Der Schauende und das außerhalb von ihm Geschehende und Gesehene sind . . . Teile eines einheitlichen psychischen Ganzen, in dem das Außen kein Außen mehr ist . . .«[69] Jede Handlung kann in dieser Art als numinos erfahren werden, und das Numinose kann sich jederzeit im Zwischenmenschlichen konkretisieren, wenn die Teilnehmer dazu bereit und fähig sind, sich mit der – archetypischen – Situation in Einklang zu bringen.

Es treffen sich im rituellen Geschehen alle Zeiten und alle psychischen Ebenen. Wenn dies aber von einem Menschen wirklich ganzheitlich erfahren wird, dann kann das nicht ohne Wirkung bleiben: Eine gewandelte Einstellung dem inneren und dem äußeren Leben gegenüber muß die Folge sein.

Neumann vergleicht den Ritus mit einem Bewässerungssystem, »mit dessen Hilfe die Urströmung des Unbewußten der Persönlichkeit zugeleitet wird. Dieses Bild drängt sich auf, weil in ihm gleichzeitig die Fruchtbarmachung durch das Ritual ... gefaßt wird, wie die Abwehrseite, welche die Überschwemmung durch die archetypische Welt verhindert«.[70] In diesem Sinn kann die rituelle psychodramatische Handlung von therapeutischer Wirkung sein: schützend, ungebändigte Kräfte kanalisierend – oder dürre Leere befruchtend.

Dabei müssen diejenigen, die keine Rolle haben und nicht voll mitspielen können, innerlich und durch Doppeln ganz bei dem Prozeß bleiben, ganz darin enthalten sein, denn nur dann können auch sie den exteriorisierten Vorgang als einen inneren Vorgang, als *ihren* inneren Prozeß erleben. Darauf aber beruht die Wirkung des Psychodramas – oder die »Befruchtung« –, daß *jeder* jedesmal so grundsätzliche, allgemein menschliche Situationen erleben kann, daß sie ihn wandeln.

Zu den Eigenschaften des Psychodramas, die es als *Spiel* kennzeichnen, gehören unter anderem die Wiederholbarkeit des Spiels, ein Spielraum, der »Spielplatz«; es gehören Aufbau des Spiels, Spannung, aber auch Spielregeln dazu; zugleich Spontaneität, freies Handeln, offener Ausgang des Spiels. Und: Das Spiel gehört nicht dem »gewöhnlichen« Leben an. Im Spiel gelten andere Regeln als im alltäglichen Leben, und jeder Spieler ist sich bewußt, außerhalb des Bereichs materieller Interessen und Verpflichtungen, »nur zum Vergnügen« oder einem inneren Bedürfnis folgend, zu spielen. Das aber ist nur zu gewissen Zeiten und für eine bestimmte Dauer möglich.

Wenn ich diese Punkte nenne, so folge ich Huizingas Überlegungen zum Wesen des Spiels. Aber sie zeigen, daß das Psychodrama in diesem Sinn wirklich als Spiel bezeichnet werden kann, obwohl man es unter anderen Gesichtspunkten ebenso zu Recht als therapeutische *Arbeit* ansehen wird.

Die *Wiederholbarkeit* des Spiels ist im äußeren Rahmen durch die verabredeten Zeiten und in der inneren Struktur durch den Aufbau des Dramas gegeben.

Zu jedem Spiel gehört ein bestimmter *Spielraum.* Dieser kann materiell oder ideell verstanden werden. Der »Spielplatz« im Psychodrama ist der Raum, in dem die Teilnehmer sich frei bewegen können, ist der Kreis, den die Gruppe bildet. Im übertragenen Sinn wird der Spielraum durch den rituellen Rahmen abgesteckt. Der Spielraum im »ideellen« Sinn ist der psychische Innenraum des Protagonisten.

Der *Aufbau* des Psychodramas zeigt sich in den drei Phasen: Anwärmphase, Spielphase und Sharing. Andererseits werden auch die seelischen Innenräume im Bild aufgebaut: Stühle, Tische, eine Decke vielleicht und so weiter werden vom Protagonisten rituell verwendet und zeigen im Äußeren sein inneres Bild, das er vor sich sieht.

Wichtig beim Spiel ist eine gewisse *Spannung,* das heißt: »Ungewißheit, Chance ... Mit einer gewissen Anspannung muß etwas ›glücken‹ ... In dieser Spannung werden die Fähigkeiten des Spielers auf die Probe gestellt: ... seine Ausdauer, seine Findigkeit, sein Mut, sein Durchhaltevermögen und zugleich auch seine geistigen Kräfte.«[71] Schon zu Beginn einer Psychodramasitzung liegt die Spannung im Raum: Wer wird heute Protagonist sein? Wer wird »spielen«? Und danach bleibt die gespannte Erwartung des Protagonisten: Wird es glücken? Werde ich mich meinem Thema uneingeschränkt annähern können? Die gleichen Fragen bewegen Gruppe wie Leiter. Es braucht Mut und psychische Kraft, innere Bilder aufsteigen zu lassen und mit ihnen umzugehen; ungeliebte, verabscheute, gehaßte Aspekte in anderen anzuschauen und als eigene zu erkennen. Und wird dann die Kraft reichen, das im Spiel Erlebte ins Bewußtsein zu heben und es zu bewahren, es zu verarbeiten?

Die *Spielregeln* sind unbedingt bindend wie die Riten, denen sich jeder unterordnen muß. Sie sind für alle verbindlich. Denn nur mit der ernsthaften Beteiligung aller kann ein Psychodrama glücken. Würde gegen die Regeln gehandelt, wäre ein Spiel »verloren«.

Dabei bleibt das Spiel ein *freies Handeln.* Befohlenes Spiel ist kein Spiel. Es gehört zum Beispiel zu den Regeln des Psychodramas, daß ein Protagonist sich immer freiwillig meldet, es kann keiner vorgeschlagen oder ernannt werden. Es kann auch kein Spielinhalt, kein Thema bestimmt werden. Es muß sich ergeben. Und es ist gleich, ob es zu den bisherigen Themen und in den Kreis der Teilnehmer »paßt«, es muß allein dem Wunsch des Hauptdarstellers entspringen, dann kann es freies Spiel werden, das sich spontan entfaltet.

Die Regeln sind dabei sozusagen das Gefäß, durch das alle Inhalte gefaßt werden können, auch wenn sie Unerwartetes, möglicherweise Schockierendes ins Spiel bringen.

Spiel ist hier dann *nicht das »gewöhnliche« Leben*; es ist mehr: Es ist intensiver und unterliegt nicht der Enge des alltäglichen Lebens oder Regeln, die im öffentlichen Bereich beachtet sein müssen.

Im Spiel ist möglich, was außerhalb des Spiels nicht möglich oder nicht erlaubt ist. Im Psychodrama darf zum Beispiel gesagt werden, was man Menschen sonst nicht sagen kann, sei es aus Angst oder aus Rücksicht oder weil man es nicht möchte. Hier kann auch getan werden, wofür man draußen vielleicht ausgelacht oder bestraft würde.

Spiel in diesem Sinn beinhaltet darum nicht weniger, sondern mehr als das normale, alltägliche Leben. Es ist nicht »bloß ein Spielen«, »bloß Spaß haben«, sondern kann »mit dem größten Ernst vor sich gehen, ja mit Hingabe, die in Begeisterung übergeht und die Bezeichnung ›bloß‹ zeitweilig vollkommen aufhebt ... Das Spiel schlägt in Ernst um und der Ernst in Spiel«.[72] Es kann von einer solchen Intensität sein, daß es ein größeres Gewicht als das »normale« Leben hat. Huizinga bringt hierfür ein schönes Beispiel: Ein Vater trifft sein vierjähriges Söhnchen an, wie es auf dem vordersten einer Reihe von Stühlen sitzt und »Eisenbahn« spielt. Er hätschelt das Kind, dieses aber sagt: »Vater, du darfst die Lokomotive nicht küssen, sonst denken die Wagen, es wäre nicht echt.«[73] Ebenso kann im Psychodrama ein Stuhl der Repräsentant eines Menschen werden, und niemand dürfte dessen Anwesenheit in Frage stellen: Er *ist* allen gegenwärtig – obwohl doch alle gleichzeitig sehen, daß es nur ein Stuhl ist.

Im tiefen Ernst mancher Psychodramen kann ganz vergessen werden, daß dies noch Spiel ist. Und doch bleibt das Bewußtsein auch dafür wach, daß die Handlung, das Spiel hier, und das Leben draußen zweierlei sind. So weiß jeder wie schon das Kind, wenn es in vollkommenem »heiligen« Ernst spielt, daß er *spielt.* Ebenso geht auch ein Schauspieler in seinem Spiel auf und bleibt sich doch immer dessen bewußt, daß er spielt. In gleicher Weise ist im Psychodrama jedem auch noch im heftigsten Augenblick bewußt, daß er spielt, sonst wäre unter anderem Rollentausch und Doppeln nicht möglich. Es gehört gerade zu den besonderen Merkmalen des Psychodramas, daß es sich auf zwei Ebenen abspielt: in der Gleichzeitigkeit von hier erschaffener und effektiver Realität; von Vergangenem und Zukünftigem im jetzigen Augenblick.

Von Moreno ging wohl darum ein so großer Zauber aus (wie Yablonsky es beschreibt), weil er diese Art des Spielens neu entdeckte und vermittelte: das Spiel der Imaginationen, in dem Welten bewegt und zurechtgerückt werden können.

Moreno entdeckte im Spiel das Prinzip der Selbstheilung und baute darauf die Methode des Psychodramas auf, die dem *Grundmuster der antiken Tragödie* folgt, das wie ein Leitfaden durch das Psychodrama führt.

Die Tragödie war aus einem lyrisch-kultischen Chorgesang (Trag-odía) entstanden und verlief noch im sechsten Jahrhundert v. Chr. ganz rituell: Der Chor zog vor den Zuschauern auf und sang Einzugslied, Standlied und Auszugslied. Dazwischen tauschte der Chor, vom Chorführer aufgerufen, Kümmernisse, Sorgen und Begebenheiten aus, die das Volk bewegten. Dann stellte, im Athen des Tyrannen Peisistratos (560–527), Thespis dem Chor einen Schauspieler zur Seite: den Protagonisten. Dieser Schauspieler stand in Spannung zum Chor. Er war Gegenspieler. Er sprach in klarer rationaler Rede und setzte sich vom lyrisch-emotionalen Chorgesang ab. Der »Große Einzelne« löst sich aus der Gruppe heraus.

Es entstand Gegensatzspannung, die noch gesteigert wurde, wenn der Schauspieler während des Chorgesanges hinter der Bühne die Kleider wechselte und in immer neuen Rollen wieder in den Bühnenraum und gegen den Chor auftrat. Die Differenzierung des Individuums zeigt sich in den verschiedenen Aspekten, die er darstellt.

In ihm findet sich jeder Protagonist im Psychodrama wieder. Auch er ist in die Spannung zur Gruppe gestellt. Als einzelner tritt er ihr gegenüber, und mit der Einführung der Rollen beginnt dann seine Differenzierung: Er holt die verschiedenen Aspekte seiner Persönlichkeit und seines Themas, mit denen er sich und den Chor konfrontieren will, in den Spielraum, in sein Spiel.

Und wie im griechischen Drama der Chor, so kann hier die Gruppe zu den einzelnen Begebenheiten Stellung nehmen: durch Doppeln. Am Schluß des Dramas aber setzt der kommentierende, zusammenfassende, Sinn suchende »Schlußgesang des Chores« ein: das Sharing. Die Parallelen werden noch augenfälliger mit der Weiterführung der Tragödie durch Aischylos, der einen zweiten Schauspieler einführte (525–456). Beide konnten nun mehrere Rollen übernehmen, sich während des Dramas schnell verwandeln. Sie konnten gleichzeitig auftreten und mit- oder gegeneinander handeln. Sie konnten miteinander im Dialog sein oder sich an den Chor um dessen Meinung wenden. Es kam zu einer immer größeren Individualisierung der Rollen und zu einer immer stärkeren Dramatisierung der Handlung. Der Chorführer wirkte nur noch aus dem Hintergrund. Der Chor verlor schließlich an Bedeutung, bis hin zum chorlosen Drama.

Das Psychodrama hat noch den Chor (die Gruppe) als Rahmen: für den Eingang und den Schluß, und auch als Hintergrund der Zeugen, damit das eigentlich ganz »persönliche« Drama sich einem Objektiven gegenüber gestalten und selber danach objektiviert werden kann.

Man wird hier an die »Stufen« im Psychodrama denken, über die man sich schließlich der Spielebene nähert: an die Ankündigung des Protagonisten, an das dialogische Gespräch zwischen ihm und dem Leiter und an den Umgang, bei dem das Thema aus seinem weiteren Zusammenhang herauskristallisiert wird.

Die Beschwörung des Themas wird in der Tragödie kunstvoll gestaltet: durch weit ausholende Reden erst, die sich dann zu einem schnellen Wortwechsel steigern; dabei wird der Konflikt deutlich, und das eigentliche Spiel beginnt. Der Chorführer – oder Leiter – wirkt jetzt nur noch aus dem Hintergrund.

Während des Redewettstreits werden die verschiedenen Standpunkte der gegensätzlichen Parteien deutlich: Es beginnt gewissermaßen die Einführung der Rollen. Die Vorgeschichte ist gegeben, das Drama ist aufgebaut.

Dieses findet statt im Wechsel von Spielern und Chor. Protagonist und Gruppe wirken zusammen, nun aber im Psychodrama nicht zur Erfüllung eines tragischen Schicksals, sondern gewissermaßen *dagegen.* Hier wird versucht, tragisches Schicksal zu durchbrechen, indem der einzelne sich aus den Verflechtungen, die ihn bisher gefangenhielten, herauslöst. Schrittweise gewinnt er Einsicht über sich selbst, seine Grundmuster und seine Möglichkeiten, tragisches Schicksal zu vermeiden. Dies wurde auch schon in den Tragödien des Aischylos angestrebt, wo es um Einsicht in einen Sinnzusammenhang ging und um die Wandlung von Unwissen (ágnoia) zu Wissen (gnosis).

Die Gesänge des Chores sind Klage-, aber auch Trostlieder. Sie enthalten Ermahnungen und Zuspruch und nennen Beispiele als Vorbilder. »Das Chorlied am Schluß (ist) der Ort, an dem der schon von der Handlung gelöste Chor sein Nachdenken über das Göttliche, über den Menschen und sein Wesen, über Schicksal, Schuld und Sühne . . . teilnehmend äußert.«[74]

Hier ist sozusagen die lebhafte, wenn auch Regeln folgende Beteiligung der Gruppe vorgezeichnet, und man erkennt das Sharing als Schlußchor. Die Handlung ist abgeschlossen. Der darin enthaltene Sinn wird umkreist, wenn eigene Beispiele erzählt und danebengelegt werden. Leid wird geteilt, Trost ergibt sich manchmal durch das Anhören von ähnlichem Leid. Es ist, auch wenn es nicht so genannt wird, ein Nachdenken über das Wesen der Seele und das Wirken des Göttlichen.

Zu endgültigen Deutungen wird man danach nicht kommen. Auch von der Tragödie sagt Schadewaldt: »Was man im besten Fall gewinnen kann, sind Hinblicke auf den Gegenstand: Aspekte. Auch diese können den Gegenstand niemals in seiner Totalität erschöpfen, und es kann von demselben Gegenstand eine ganze Anzahl verschiedener und doch richtiger Aspekte geben.«[75] Auch im Psychodrama geht es nicht um »richtige« Erkenntnisse, sondern um neue Aspekte, die möglich werden.

Moreno sah, Aristoteles folgend, die Hauptwirkung des Dramas in der Katharsis, der »Reinigung« oder »Läuterung«. Aber während Aristoteles dabei an die Zuschauer dachte, sagt Moreno: »Wir kehrten sie um. Anstatt uns mit der Katharsis der Zuschauer zu begnügen, begannen wir mit der Katharsis des Hauptdarstellers, des Protagonisten.« Und er sah Katharsis »in jedwedem Einfluß, der nachweislich einen läuternden Effekt ausübt«.[76]

Alle, die in einem Psychodrama mitgemacht haben, werden Katharsis erlebt haben: als Erleichterung, als Erschöpfung oder Glücksgefühl, auch als Mitgefühl, Mit-leid, Erschütterung.

Katharsis (lateinisch: purificatio) war medizinisch-kultische Reinigung. Es war »die mit elementarer Lustempfindung verbundene Befreiung und Erleichterung beim Ausscheiden (Purgieren) von irgendwelchen störenden Stoffen aus dem Organismus der Seele«.[77]

Der Protagonist und alle Mitspieler haben »beschwerliche Stoffe«, »Störungen«, Konflikte und Komplexe hervorgeholt und »ausgeschieden«, haben sie betrachtet und fortgeschafft – oder zum Fortschaffen zusammengetragen. Und das geschah mit Lust: mit Intensität und völligem Ergriffensein im Spiel.

Die Tragödie solle nichts »bewirken«, sagt Schadewaldt. »Es geht einzig darum, daß sie in unser Leben hinein geschieht und damit etwas in unser Leben hinein verwirklicht und offenbar macht.«[78] Ebenso soll auch ein Psychodrama nichts »bewirken«, es soll sich ereignen, im »heiligen Ernst des Spiels«.

Beispiele

Bei den nun folgenden Beispielen handelt es sich nicht um die Wiedergabe vollständiger Psychodramen. Sie sind auch nicht als Demonstration verschiedener Psychodrama-Techniken gedacht.

Technische Details stehen nicht im Vordergrund, wenn sie auch gelegentlich genannt werden: Doppeln, Spiegeln, Rollentausch; oder aktive Imagination, Märchen, Traum im Psychodrama und so weiter. Diese Beispiele sollen nicht als Anleitung dienen, wie man Psychodrama »machen« könnte. Das ist – wie gesagt – eine verantwortungsvolle Arbeit, die gründlich gelernt sein sollte.

Alle von uns benutzten »technischen« Varianten beruhen auf dem in diesem Buch vorgestellten Grundmuster des Psychodramas. Neue Einfälle – sei es von seiten der Leiter, des Protagonisten oder der Gruppe – können jederzeit integriert werden, wenn sie sich den grundsätzlichen Regeln einfügen lassen; ja sie gehören geradezu ins »freie Spiel«, das von »Spontaneität und Kreativität« getragen wird, wie Moreno es forderte. Sie bedeuten keine Änderung des Psychodramas, sondern Erweiterung der vielfachen Möglichkeiten, die es umfaßt.

Es geht hier also nicht um die Technik der Psychodrama-Methode, sondern die Beispiele sollen einen Eindruck davon vermitteln, in welcher Form die verschiedensten menschlichen Erfahrungen im Psychodrama zum Thema werden und sich immer wieder in archetypischen Bildern darstellen (zum Beispiel als Schatten, als Animus, Anima, als Bild des Vaters, der Mutter, der Eltern und so weiter). Es zeigt sich, wie wir innerpsychischen Aspekten in der Außenwelt in »Projektionsträgern« begegnen – und wie sich diese psychischen Aspekte abwandeln und verändern können je nach der bewußten Einstellung zu ihnen oder der »Antwort« auf das im Psychodrama Erlebte.

Man könnte die gesamte Analytische Psychologie mit Hilfe der verschiedensten Psychodramen illustrieren – oder belegen. Dies scheint selbstverständlich, wenn die Leiter Jungsche Therapeuten sind, die bereits von den Hypothesen der Analytischen Psychologie ausgehen. Aber auch in Psychodramen, die von anderen Tiefenpsychologen geleitet werden, ergeben sich ähnliche oder gleiche Bilder. Ihnen wird dann nur weniger Bedeutung beigemessen; sie dienen nicht als Richtlinie für das Verständnis intrapsychischer wie mitmenschlicher Prozesse. Aber alle Menschen haben an diesen archetypischen Bildern und Erfahrungen teil, denn sie sind Bestandteile des kollektiven Unbewußten, des Wurzelbodens der Psyche. Sie können je nach dem persönlichen Leben des einzelnen und seiner Erfahrungsweite persönliche Nuancen zeigen. Aber die Grundmuster, die archetypischen Strukturen, prägen die Erfahrungsmöglichkeiten *aller* Menschen. (Das gilt jedenfalls unter der Voraussetzung, daß man grundsätzlich dem Konzept vom kollektiven Unbewußten zustimmt.)

Hier kann natürlich nur ein ganz beschränkter Ausschnitt aus der Vielzahl archetypischer Bilder oder Muster zur Veranschaulichung vorgelegt werden. Es folgen keine Deutungen oder Analysen der Beispiele, aber ich hoffe, daß einige wichtige Aspekte in ihnen selber deutlich werden.

Alle Teilnehmer, aus deren Psychodramen hier berichtet wird, haben ihre Einwilligung dazu gegeben. Im übrigen wurden die Angaben zur Person so weit verändert, daß es nicht möglich sein dürfte, bestimmte Menschen in den Beispielen wiederzuerkennen.

Persona

Zum ersten Treffen einer Psychodramagruppe gehört – wie in jeder anderen kleinen Gruppe – das gegenseitige Sich-Vorstellen. Jeder ist neugierig und gespannt, mit wem er in der Gruppe zusammensein wird, und jeder ist selber angespannt, wenn er sich vorstellt. *Was* der einzelne von sich erzählt und *wie* er sich präsentiert, darin steckt viel von seiner sogenannten Persona, sei es die Maske, mit der er sich brüstet oder hinter der er sich verbirgt, die Rolle, mit der er sich identifiziert, der »soziale Mantel«, der ihn schützt, oder sei es schließlich, daß er sich als Rollenverweigerer sieht, als »Unangepaßten«, was auch schon wieder eine Rolle ist: der Alternative. »Man kann nicht keine Rolle spielen« (Th. Seifert).

Diese erste Begegnung der Gruppenteilnehmer ist um so spannender, je mehr einem bewußt ist, daß die Persona gerade der Persönlichkeitsanteil ist, der im Lauf der Psychodrama-Arbeit so weit wie möglich abgestreift werden soll. Was mag dann darunter zum Vorschein kommen? Die Persona ist ein »kompliziertes Beziehungssystem zwischen dem individuellen Bewußtsein und der Sozietät«.[79] Sie ist die »Konzession an die Außenwelt«, sie kommt dem Bedürfnis entgegen, sich an die Umweltforderungen anzupassen, aber sie kann sich gerade erschöpft haben, wenn das Bedürfnis nach einer Neuorientierung erwacht ist. Doch kann die »Ichhaftigkeit« oder ängstliche Ichbezogenheit, die der Persona eigen ist, erst mit größerer innerer Freiheit aufgegeben werden. Für ein schwaches Ich bleibt die Persona – vor der Außenwelt – ein wichtiger Schutz.

In der Psychodramagruppe kann sich zum Beispiel ein junger Theologe vorstellen, der sein Studium beendet hat, aber bisher nur Aushilfsstellen bekam, meistens mit vielen Beerdigungen verbunden. Dabei wollte er frischen Wind in die Kirche bringen, hat enthusiastisch begonnen, aber jetzt will man ihm überall die Flügel stutzen. Die Persona: ein Alternativer in Kleidung und Haartracht, der die hergebrachte Pfarrersrolle umgestalten möchte.

Eine etwa 45jährige Frau stellt sich vor als Mutter von zwei jetzt erwachsenen Töchtern. Sie fühlt sich nicht richtig gebraucht, und dabei oft ausgenutzt. Sie hat keine genügende Ausbildung, um jetzt noch etwas »Vernünftiges« zu beginnen: die unbefriedigte, schließlich leer ausgegangene Mutter und Hausfrau.

Ein Musiker ist verheiratet mit einer Sängerin, spielt in einem guten Orchester, aber die Laufbahn stagniert, und er hat jetzt Beziehungsschwierigkeiten mit seiner Frau: Es ist der Typ des weichen Künstlers, der sich unterbewertet und nicht verstanden fühlt.

Ein erfolgreicher Geschäftsmann in Anzug und Krawatte kommt, weil es im Beruf nichts mehr zu lachen gibt – zu Hause auch nicht –, und irgendwo will man doch leben. Er will den Geschäftsmann draußen lassen. Aber die Schale bleibt: das Kleid des angepaßten Geschäftsmannes.

Es gibt die schüchterne Studentin, die von ihren Problemen, ihren Prüfungsängsten und Beziehungsschwierigkeiten spricht, sich aber gleichzeitig jedes Mitgefühl verbittet; sie wolle ihren Weg alleine finden: eine aggressive Schüchterne, oder eine sanfte Amazone.

So füllt sich eine Runde nach der andern: der enttäuschte Lehrer, die Frau, die sich gerade scheiden ließ, der Homosexuelle, dessen einzige Freundin sich von ihm trennen will, die Schriftstellerin, die nicht weiß, ob Schreiben ihr Beruf ist. Und so fort.

In Psychodramagruppen ist es meistens so, daß jeder hinter die Persona, die er vorstellt, auch bereits ein Fragezeichen setzt. Denn fast jeder kommt mit einer Frage, einem Zweifel und dem Wunsch nach Klärung. Alle spüren, daß hinter der Rolle, die sie übernommen haben – oder hinter den verschiedenen Rollen, denn sie haben vielleicht eine für den Beruf, eine andere zu Hause und wieder eine andere ihren Freunden gegenüber und im Club –, ihre eigentliche Identität, ihre Individualität verlorengeht oder daß sie diese noch gar nicht gefunden haben. Sie merken, daß die Persona, die sie zeigen, nur ein »mehr oder weniger zufälliger oder willkürlicher Ausschnitt aus der Kollektivpsyche ist«[80], die die anderen und schließlich einen selber glauben macht, man sei individuell.

Das Ichbewußtsein mag dem »Kompromiß zwischen Individuum und Sozietät«, der Rollenannahme noch zustimmen. Aber von seiten des Selbst, aus dem Unbewußten, steigen kompensatorische Reaktionen hoch, die zunächst Verwirrung stiften und Unsicherheit auslösen.

Es erscheint folgerichtig, daß danach in den ersten Psychodramen fast ohne Ausnahme Schattenprobleme auftauchen. Die aus der Rolle ausgeklammerten Teile melden sich. Daß es Schattenaspekte sind, zeigt sich unter anderem darin, daß die ersten Konfrontationen meistens mit einer Person gleichen Geschlechts stattfinden.

Im Psychodrama wird es leichter, einen Schattenaspekt als solchen zu erkennen, weil er – bildlich gesprochen – nicht hinter einem bleibt, als das unbewußte Unbehagen, das einen hinterrücks beschleicht, sondern gegenübertritt. Im Gegenüber wird er zum Thema und anschaubar.

Die ersten Schattenthemen sind meistens mit der Persona aufs engste verknüpft. Später können sie mehr in die Tiefe, ja in Abgründe der Psyche führen: kollektiver und archetypischer Schatten tun sich auf; zum Beispiel der kollektive Schatten der »atomisierten Individualität«, vielleicht bei der spröden, vereinsamten Studentin, vor der sich angsterregende Leere öffnet, wenn sie zu ihrer Vereinsamung aus Beziehungsunfähigkeit steht. Oder der Schatten des Bösen, der so sehr verdrängt wurde, daß er nur noch als Alptraum sich meldet – sei es als Angst vor der Atombombe, sei es als Angst vor dem Zerstörerischen innen im Menschen, in der eigenen Psyche: Auch dieser Schattenaspekt kann im Psychodrama erscheinen.

Aber zunächst begegnet man ihm – im Leben wie im Psychodrama – auf der Straße, im Büro, im Vorgesetzten, im Nachbarn, ja im Freund, im Alltäglichen.

Der junge alternative Theologe entdeckt zum Beispiel in einem Psychodrama-Gespräch mit seinem Vorgesetzten, einem alten Pfarrer, ganz unerwartet Eigenschaften in jenem, die ihm bei sich selber nicht unbekannt waren, die er aber im Bewußtsein nicht zugelassen hatte. Ganz selbstverständlich nahm er bei der Einführung des Pfarrers Haltung und Stimme jenes Mannes an, wohl ohne es selber zu bemerken, und es war, als ob er schon immer so gestanden und gesprochen hätte. Er stand zu einer gewissen Einfältigkeit, zum sogenannten »kindlichen Glauben« ebenso wie zu einer Härte allen gegenüber, die ihn angriffen. Er zeigte Genugtuung darüber, daß er durch die Institution gestützt wird und zum Beispiel so einem jungen Kollegen wie diesem Alternativen gegenüber geschützt sei. – In der eigenen Rolle als Protagonist stand er zu seinem »blassen Neid«, der ihn erfüllte, und er gestand sich ein, daß er selber gerne unterstützt und geschützt würde und sogar gerne eine Gemeinde im alten Sinne hätte, in der man noch auf den Pfarrer hört, wo der Pfarrer den Leuten noch etwas zu sagen hat. Was er vorher ausgeklammert und »hinter sich« gelassen hatte, schaute ihn jetzt plötzlich vertraut wieder an.

Fast noch erstaunlicher war für den Protagonisten danach ein Psychodramagespräch mit einem Freund, ebenfalls einem »Alternativen«, der aus dem Studium ausgestiegen und jetzt »biologischer Gärtner« ist. Als er einen Spieler in die Rolle des Freundes einführte, war er aus der Sicht des Freundes sehr zufrieden mit dieser Wahl eines natürlichen Lebens, der Rück-Verbundenheit mit der Natur, dem friedlichen Leben in seiner ländlichen Kommune. Im Dialog mit ihm packte den Protagonisten aber die Wut: »Wie machst du es dir einfach, du Aussteiger, du Weltverbesserer, in der Idylle. Glaubst du, dir schmeckt dein Kohl noch, wenn du fünfzig bist?« Es folgte Rollentausch. Aus der »Haut« des Freundes sagte er: »Was regt dich an mir so schrecklich auf? Bist doch selber ein Weltverbesserer, nur du predigst es auch noch den andern. Und dann willst du Anerkennung dafür, ein Haus und ein gutes Gehalt noch dazu.«

Nun war der Protagonist wirklich ein Alternativer: Ihm war zwischen zwei Möglichkeiten die Wahl gelassen. Vor allem blieb ihm die Wahl: Will ich meinen Schattenbruder annehmen oder nicht? Erkenne ich in mir den Wunsch an, ein sehr einfaches Leben zu führen, selber einfach und nichts Besonderes zu sein? Oder verkrampfe ich mich weiter als sogenannter Alternativer? – Oder *bin* ich ein Alternativer – wie finde ich dann den richtigen Ausdruck dafür?

Die enttäuschte Hausfrau und Mutter, die zu Hause nicht mehr ausgefüllt ist, hilft neuerdings im Geschäft ihres Mannes mit. Er betreibt eine Tuchfabrik mit ca. zwanzig Angestellten. Sie hilft im Büro und beim Versand. Einerseits leidet sie unter Minderwertigkeitsgefühlen, weil sie diesen Beruf nicht richtig erlernt hat – und überhaupt nicht viel weiß und nicht klug ist –, wie sie in der Gruppe immer wieder betont; andererseits ist sie die Frau des Chefs, sehr praktisch veranlagt. Sie sieht, wo es etwas anzupacken gibt, und setzt die andern gern dazu ein.

Nach wenigen Wochen – in denen sie sich eingearbeitet hatte – regt der ganze Betrieb sie auf: weil es nur eine Tuchfabrik ist – und vor allem, weil sie ihre zwei Mitarbeiterinnen im Büro nicht leiden kann und sie am liebsten entlassen möchte, worüber es bereits zum Streit mit dem Ehemann kam. Sie erzählt von der älteren der beiden Frauen mit immer schriller und härter werdender Stimme, was für eine Besserwisserin sie sei, herrschsüchtig und ehrgeizig. – Von der jüngeren spricht sie ruhiger, aber sie ist gereizt darüber, daß sie sich überhaupt nicht wehren könne, daß sie die ältere einfach alles machen lasse, wie es der passe, und so weiter.

Als die Protagonistin hinter der Älteren steht und sich in sie hineinzuversetzen sucht, um sie in die Rolle einzuführen, hört man, daß sie jetzt schon 25 Jahre in dem Betrieb mitarbeitet, schon für den Vater des jetzigen Chefs Sekretärin war. Sie hängt an ihrer Arbeit, ist mit dem Unternehmen verbunden, nur jetzt ist alles so unerfreulich geworden, seitdem die Frau des Chefs mitmache und sich überall einmische. Der Leiter fragt: »Was halten Sie von der Frau des Chefs?« Noch hinter der Älteren stehend und aus deren Rolle sprechend, sagt die Protagonistin über sich selbst: »Die ist eine böse Hexe, die sich überall einmischt. Sie versauert jedem das Leben hier. Sie findet nur sich selber gut. Am liebsten wäre die noch selber Chef.« – Die Jüngere wird eingeführt als schüchtern und ängstlich. Sie macht die Arbeit nur, weil sie ganz gut verdient und bei ihrer Familie in der Nähe wohnen kann. Abends geht sie in Fortbildungskurse. Sie möchte gerne noch viel lernen und unternehmen und Menschen kennenlernen. Sie habe noch gar nicht richtig gelebt. Der Leiter fragt auch sie, wie sie die Frau des Chefs finde. Und wieder antwortet die Protagonistin aus jener Rolle über sich selbst: »Sie macht es einem nicht leicht. Sie bringt so viel Unruhe und Unzufriedenheit in den Betrieb. Wahrscheinlich will sie das gar nicht und weiß sich selber nicht zu helfen. Glücklich ist sie bestimmt nicht, so wie sie ist.«

Das Psychodrama beginnt damit, daß die beiden Frauen sich über Else, die Frau des Chefs, unterhalten. Sie wiederholen im wesentlichen, was Else selber schon aus den beiden Rollen heraus über sich gesagt hat. Else steht vor dem Büro und hört alles mit an. Es folgt ein Selbstgespräch von Else, dessen Quintessenz darin besteht, daß sie über ihre »Hexenseite« betroffen ist und sich schämt. Vor allem aber entdeckt sie verwandte Züge zwischen sich und Eva, der jüngeren von den beiden Frauen. Sie möchte ihr näherkommen und auch noch viel lernen, vor allem neue Seiten in sich selber kennenlernen. Sie will mit Eva in den Malkurs gehen. – Es folgen weitere Begegnungen zwischen ihr und den beiden Frauen.

Hier haben sich zwei Schattenaspekte aufgetan: ein negativer und ein positiver. Weder war sich die Frau ihrer Herrschsucht bewußt, ihres »Hexenaspekts«, der Rückseite ihrer Minderwertigkeitsgefühle, noch beachtete sie die sanfte und kluge Seite in sich, die sich gerne weiterbilden und weiter entfalten wollte, die sich jetzt mit ihrem noch jungen weiblichen Wesen auseinandersetzen, das heißt mit Eva anfreunden möchte, um neues Leben zu entdecken.

Der Schatten kann auch positive Qualitäten enthalten, die nicht entwickelt wurden, weil sie bei der Anpassung an die Außenwelt nicht gebraucht wurden oder störten, oder weil das Bewußtsein ihnen mißtraute und sie ausschloß. Gelingt es, mit den störenden oder zerstörerischen Kräften des Schattenbereichs in Kontakt zu kommen, und gelingt es gar, positive ungelebte Kräfte zu aktivieren und ihre schöpferische Seite zu erfahren, dann wird deutlich, was für ein Potential der Persönlichkeit im Schatten enthalten ist.

Else brachte zum nächsten Psychodrama eine eindrucksvolle Hexe mit, die sie genäht und mit diversen Hexenattributen ausgestattet hatte und die sie als »eine Seite von mir« vorstellte. Außerdem erzählte sie, daß sie jetzt, anstatt in der Fabrik mitzuarbeiten, die auch ohne sie laufe, sich zu Kursen an der Volkshochschule anmelden werde.

Eine ganz andere Schattenproblematik zeigt sich im folgenden Psychodrama. Diesmal mußte der Protagonist erst darum kämpfen, spielen zu dürfen. Zwei andere Teilnehmer hatten sich ebenfalls gemeldet. Aber er schien unter solchem Druck zu stehen, daß er sich mit fast brutaler, quälender Hartnäckigkeit durchsetzte, die gar nicht zu seiner sonst behutsamen Art paßte. (Es gehört zu den Regeln des Psychodramas, daß die Bewerber untereinander »aushandeln«, für wen es diesmal am wichtigsten ist, Protagonist zu sein.)

Der Protagonist fühlte sich noch stark bedrängt von einem Traum aus der vergangenen Nacht. Ähnliche Träume hatten ihn seit Jahren in gewissen Abständen beunruhigt. Immer wieder wird er von einem Mann verfolgt, der ihm nach dem Leben trachtet. In einem Labyrinth ist er ihm begegnet, in einer unübersichtlichen Fabrikanlage, auf dem Dach eines Hauses, und immer war er nur im allerletzten Moment mit dem Leben davongekommen, indem er den Mann erschoß. Aber er wußte: Er wird wiederkommen. Er war nicht zu töten. Und in der Tat traf er immer von neuem auf diesen tödlichen Verfolger im Traum.

Diesmal ist der Träumer in seiner Küche. Eine alte Nachbarin ist gerade bei ihm, die öfters zu einer Tasse Kaffee auf einen kurzen Besuch kommt. Sie ist gebrechlich und hilflos. Die Tür zum Korridor des Treppenhauses hat Milchglas. Dahinter sieht er einen Mann: Es ist wieder *der Verfolger*. Er hört den Lift. Der Mann will vortäuschen, daß er weggegangen, hinuntergefahren sei. Aber der Träumer weiß: *Er* steht draußen. Der Schlüssel ist nicht da, er kann nicht abschließen. Er sieht, wie die Klinke sich bewegt. Die Tür öffnet sich. Der Verfolger kommt langsam mit einem Dolch herein und drückt die Tür von innen hinter sich zu. Im letzten Moment ergreift der Träumer das Küchenmesser, das auf dem Tisch liegt, und erwacht schweißgebadet.

Alle Gruppenmitglieder kannten jetzt den Traum, den der Protagonist bereits im Herumgehen erzählt hatte. Der Eindruck der angstvollen Atmosphäre blieb und wurde immer spürbarer, als er jetzt sehr langsam, Stück für Stück, die Küche, den Schauplatz des schrecklichen Ereignisses, aufbaute: Herd und Tisch und zwei Stühle; dabei schaute er immer um sich, als ob etwas hinter ihm wäre. Die freundliche alte Nachbarin führte er nur kurz ein und überlegte, ob er sie nicht überhaupt wegschicken könnte. Aber sie gehörte zum Traum, und er gab ihr auch jetzt eine Tasse Kaffee und freundliche Worte.

Er hatte einen Mann aus der Gruppe für den Verfolger gewählt, der auch bereit war, die Rolle zu übernehmen. Aber dann sagte er: »Ich kann ihn nicht einführen. Ich kann nicht hinter ihn gehen, schon gar nicht zwischen ihn und die Wand. Ich *darf* nicht hinter ihm stehen, ich darf ihn nicht berühren.« – Er weicht darauf zurück und sieht den Spieler von weitem an: »Mein Gott, das ist er. So ist er.«

Dann beginnt erst das eigentliche Traumspiel. Der »Verfolger« hat den Raum verlassen. Der Träumer sitzt der alten Dame gegenüber. Sie trinkt den Kaffee. Er ist sehr nervös, spricht nicht zu ihr, hört nicht, was sie sagt. Er schaut zur Tür. Jeder weiß, *was* er hört, sieht und fürchtet: »Der Schlüssel hängt nicht da. Ich kann nicht abschließen.« – Die Klinke bewegt sich. Die Tür öffnet sich.

Der Verfolger kommt langsam herein. Der Träumer springt auf, zur entgegengesetzten Wand hin. Der Verfolger geht einmal der Wand entlang im Raum herum. Der Träumer ist ganz wie in seinem Bann, immer genau gegenüber von ihm, bis er selber an der Tür steht. Aber er ist wie hypnotisiert. Daß er jetzt hinaus könnte, kommt ihm nicht in den Sinn.

Der Mitspieler ging stark in die Rolle des Verfolgers hinein. Jetzt setzt er sich spontan auf den Stuhl, auf dem der Träumer gesessen hatte, als wäre dies sein Platz. Er nimmt den Dolch aus der Tasche, läßt ihn durch die Hände gleiten und legt ihn vor sich auf den Tisch. Der Träumer: »Mein Gott, das ist er.« Und: »Was willst du von mir?«

Der Leiter veranlaßt einen vorsichtigen, langsamen Rollentausch.

Rollentausch: Der Träumer tritt an die Stelle des Verfolgers und sagt: »Du weißt, du wirst mich nicht los. Ich komme immer wieder, und du kannst mich nicht umstimmen. – Du weißt, was du mir getan hast.«

Erneuter Rollenwechsel. Der Träumer steht wieder an seinem Platz, der Verfolger sitzt beharrlich auf seinem Stuhl. Der Protagonist schweigt und fühlt die Frage, die in der Luft liegt: »Du weißt, was du mir angetan hast?«

Träumer: »Ja, ich weiß es, aber ich kann es nicht aussprechen.« Der Träumer sieht wie gebannt auf den Mann – und immer wieder gleich danach ganz nervös hinter sich. Keiner darf ihm nahe kommen. Er ist in Panik.

Der Leiter: »Du siehst, er greift dich heute nicht an. Vielleicht will er mit dir reden?«

Der Verfolger: »Du weißt, ich gehöre zu dir . . .«

Der Träumer, zur alten Dame: »Bitte, schau jetzt in diese Richtung.« Mit zitternden Händen dreht er ihr Gesicht zur Tür hin, weg vom Verfolger, und sagt: »Ich möchte nicht, daß du erschrickst.«

Er geht jetzt zwei Schritte zurück, schaut sich langsam einmal im Raum um. Er springt. Man hört einen gurgelnden Schrei von ihm. Er hat das Küchenmesser gepackt und stößt es dem Verfolger in den Bauch. Er stößt ihn damit zu Boden. Er kniet über ihm, lange. »Ja, so muß es sein. – Und alles ist voll Blut. – Es strömt. – Alles ist voll Blut. –«

Jetzt entspannt sich sein Körper, sein Gesicht. Dann dreht er sich erschrocken zu der alten Dame um. Sie ist fort. »Ob sie es gesehen hat? – Oder vielleicht nicht? – Ob es morgen in der Zeitung steht? – Oder nicht? – Was soll ich mit ihm machen?« Langes Sinnen. »Er muß da liegenbleiben, bis er vermodert, bis die Würmer ihn zerfressen haben, bis das Gras aus ihm wachsen wird.« – Er steigt dreimal über den Toten hinüber. Mit fast liebevollem Blick schaut er ihn an. »Das war die einzige Möglichkeit. – Ja, so ist es gut. Diesmal ist es mir gelungen, ihn zu beseitigen.«

Er fühlt eine große Befreiung.

Langsam wird danach die Szene vom Protagonisten wieder abgebaut. Jeder Stuhl kommt an seinen Platz, der Tisch in die Ecke. Und dann richtet er den ermordeten Mörder auf: »Ich danke dir, daß du das für mich getan hast.«

Das Sharing besteht fast ganz aus Schweigen. Angst und Schrecken lagen in der Luft und in den wenigen Worten. Der Protagonist hat es nicht gemerkt, weil er so erschöpft und versunken war.

Für den Protagonisten war es »wie ein befreiendes Gewitter«. Aber der Blitz hätte ihn auch treffen können. In diesem Psychodrama stand mehr auf dem Spiel als der persönliche Schatten des Träumers. Jeder spürte hier den kollektiven Schatten: den Mörder, der kein Sonderfall, sondern die Schattenseite eines jeden ist. Aber es kam und kommt wohl auch die Ahnung des archetypischen Schattens auf: des Bösen an sich. Und wehe dem, den es bedroht. Da gibt es nur noch Furcht und Zittern – und Dank an Gott oder das alles regulierende Selbst, wenn es überstanden ist.

Jeder Teilnehmer denkt weiter an diesen Traum und das Ereignis des Traumes im Psychodrama; vor allem auch an die nicht analysierten Aspekte: die hilflose Alte, die Verletztheit des Verfolgers, an die eigene Betroffenheit, das heißt das Beteiligtsein an diesem Thema. Aber verbale Deutung erfolgt im Psychodrama nicht. Sie würde den inneren Prozeß abbrechen, der jetzt beginnt. Archetypen wirken dadurch, daß sie erfahren werden, und nicht dadurch, daß man sie benennt.

Wenn Deutung erfolgt, so vom Protagonisten selber, zu Beginn der nächsten Sitzung, wenn er Zeit hatte, das Erlebte wirken zu lassen und es zu bedenken.

Dieser Protagonist berichtete beim nächsten Mal, wie befreiend die konkrete Begegnung mit dem ihn Verfolgenden war, den er als Phantom nicht »erschießen«, nicht treffen und ergreifen konnte. Er wurde sich seiner Schuld bewußt, die er nicht ausgesprochen hatte, und begegnete dem Schatten als Gleicher zu Gleichem. Er wurde selbst zu ihm. Hat ihn – vielleicht – integriert?

Anima und Animus

Es folgen Beispiele von Psychodramen, in denen sich Anima- und später Animusaspekte manifestieren. Wieder handelt es sich um unbewußte Persönlichkeitsanteile, und das Merkmal ihrer Unintegriertheit zeigt sich in ihrer Autonomie von der Seite des Unbewußten her und daran, wie sie in der Projektion in Erscheinung treten.

Anima und Animus sind personifizierende Begriffe für das gesamte *weibliche Prinzip* im Unbewußten des Mannes (Anima) und des gesamten *männlichen Prinzips* im Unbewußten der Frau (Animus). Erfahren werden jeweils nur einzelne Aspekte des gesamten Prinzips, und zwar in der Projektion auf eine gegengeschlechtliche Gestalt.

Wie im Leben begegnet ein Protagonist auch im Psychodrama nicht »seiner« Anima, sondern *einem* Anima-Bild oder verschiedenen Aspekten, die zum Bild der Anima gehören. Und erst im Lauf von mehreren Psychodramen wird dieses Bild deutlicher in seinen verschiedenen Facetten.

»Alle archetypischen Manifestationen, also auch Animus und Anima, haben einen negativen und einen positiven, einen primitiven und einen differenzierten Aspekt.«[81] Das wird auch im Psychodrama sichtbar.

Ein ca. vierzigjähriger Mann, seit beinahe zwanzig Jahren verheiratet, weiß nicht, wie er sich seiner Frau erwehren soll: Sie erstickt ihn schier, nimmt ihm jeden Lebensmut. Sie ist berufstätig, wirkt in verschiedenen Organisationen mit und läßt ihm keinen Eigenraum. Er muß tun, was sie will.

Ein erstes Psychodrama zeigt die Situation bei ihm zu Hause. Verschiedene Doppel der Gruppe, die ihn zu Rebellion, Ausbruch, Selbständigkeit auffordern wollen, fließen an ihm ab. Er sitzt hilflos und regungslos im Netz der Spinne. Als ihm dies bewußt wird, springt er auf, nimmt eine imaginäre Schere und durchschneidet die Fäden des Netzes. Aber im nächsten Psychodrama ist die Lage unverändert: Die Spinne kann das Netz immer wieder sofort von neuem flicken, ja immer dichter spannen. – Diesmal erinnert er sich an seine

Kindheit, in der er das Gefühl von Hoffnungslosigkeit auf die gleiche Weise erlebt hatte. Sein Vater war früh gestorben. Die Mutter war eine strenge, tüchtige Frau, der es gelang, die drei Kinder aus eigener Kraft durchzubringen. Während er bisher nur voller Hochachtung und Dankbarkeit von seiner Mutter gesprochen hatte, sagte er jetzt: »Sie war auch eine Spinne. Sie hat mich ausgesaugt, sie brauchte alle meine Kraft auf.«

Er setzt jetzt die beiden Frauen, Mutter und Ehefrau, ganz nah nebeneinander auf zwei harte Stühle. »Ihr seid vom gleichen Stoff. Darum konntet ihr euch auch nie riechen.« – Er selber geht in den äußersten Winkel des Raumes, hinter einen Pfosten, damit sie ihn nicht sehen können. »Ich muß sie erst länger anschauen. Das Bild ist so neu. Sie dürfen mich nicht zu früh entdecken. Ich weiß noch nicht, was ich tun soll.« Er erkannte sich als den noch in der Mutter eingesponnenen Sohn, der sich noch einmal eine ihn »aussaugende« Mutter zur Frau genommen hatte, der er gehorsam untertan sein mußte. Es brauchte für ihn noch eine Zeit, bis er im Psychodrama einmal einem positiven Anima-Aspekt begegnete, einer Kollegin, die ihn zu neuen Unternehmungen anregte.

Der junge Musiker, seit zwei Jahren verheiratet, noch stark an seine Mutter gebunden, möchte sich als Protagonist mit den Schwierigkeiten, die er mit seiner Frau hat, auseinandersetzen.

In einer ersten Szene fährt er im Auto nach Hause und führt ein Selbstgespräch, in dem er sich auf die Auseinandersetzung mit Mirjam, seiner Frau, vorbereiten will. Seine Gedanken werden aber abgelenkt: Es kommt ihm der morgige Geburtstag seiner Mutter in den Sinn und die Brosche, die er heute für sie gekauft hat. – Als das Hilfs-Ich sagt: »Komisch, anstatt an Mirjam zu denken, fällt mir meine Mutter ein . . .«, taucht er aus seinen Gedanken auf und sagt: »Ach, ich bin wieder einmal zerstreut.«

In der zweiten Szene steht er vor der Wohnungstür und fühlt sich sehr beklommen bei dem Gedanken, jetzt gleich Mirjam begegnen zu müssen. Er holt tief Luft, schließt auf, sieht im Wohnzimmer vor sich Mirjam bereits warten und biegt links ins Kinderzimmer ein, wo er die Stimme seiner kleinen Tochter gehört zu haben meint, nimmt sie aus dem Bettchen und herzt sie. Der Abend ist »gerettet«, ihm ist wieder wohl zumute. Hilfs-Ich: »Kneife ich? Habe ich Angst, Mirjam zu begegnen?« Der Protagonist verneint.

Noch ganz Sohn, hatte der Protagonist sich bisher in seiner Frau wie vorher in seiner Mutter geliebt gespiegelt gesehen; und in seiner kleinen Tochter fand er seine junge Seele, seine reiche, auf ihn wartende Zukunft, und nahm sie an sein Herz. Jetzt spürte er – was ihm im Sharing erst einigermaßen deutlich wurde –, wie er den nächsten Schritt scheute: den Schritt aus der geborgenen Jugend ins Mannesalter, zu seiner gleichaltrigen Anima, die er in Mirjam gesucht, die er aber noch nicht im eigentlichen Sinne erkannt hatte.

»... die geheime Erinnerung daran, daß man die Welt und das Glück auch geschenkt bekommen kann – nämlich von der Mutter –, lähmt seine Stoßkraft sowohl wie seine Ausdauer. ... er (würde) eines treulosen Eros gebrauchen, eines, der die Mutter vergessen und sich selber weh tun kann, indem er die erste Geliebte seines Lebens verläßt.«[82]

Victor, ein 48jähriger, viel älter wirkender Geologe, klagt über die Leere und Sinnlosigkeit seines Lebens. Er sei vor kurzem über Land gefahren und habe da noch einmal die Schönheit der Natur gesehen. In diesem Augenblick wurde ihm seine verzweifelte Leere so bewußt, daß er sich fragte, ob es sich überhaupt noch lohne, weiterzuleben. Es überkamen ihn starke Selbstmordgedanken.

Er schildert beim Herumgehen sein völlig »normal« verlaufendes Leben, seine etwas kühle, aber sehr zuverlässige Frau, die jetzt wieder berufstätig ist. »Es kommt eigentlich gar nicht darauf an, ob ich arbeite oder nicht, ob ich lebe oder nicht – es läuft auch alles ohne mich.« Er spricht dann von seiner Tochter, die nun schon seit längerem studiert.

Auf die Frage des Leiters hin fällt ihm ein: »Es war, als *sie* aus dem Haus ging.« Da hatte er dieses Gefühl der Sinnlosigkeit seines eigenen Lebens zum ersten Mal. Der Protagonist führt seine Tochter ein: »Ich bin Susanne, bin 22, lebenslustig, habe dunkle Augen, viele Einfälle, schier unbegrenzte Fähigkeiten; ich reite, tanze, male, singe, bin klug, habe viele Freunde, freue mich auf mein Studium.«

In der Einführung der Ehefrau zeigt sich, daß hinter ihrer disziplinierten Haltung Erschöpfung, Enttäuschung und Mutlosigkeit verborgen sind.

Die Abschiedsszene wird aufgebaut. Der Protagonist sieht die Tochter die Koffer packen und spürt ihre Freude, wegzugehen. Er begleitet sie zur Bahn. Hilfs-Ich: »Ich verliere viel, wenn Susanne geht.« Protagonist: »Alles . . . Sie ist ein Stück von mir.« Er hört den Zug aus dem Bahnhof rollen. Hilfs-Ich: »Jetzt ist mir alles genommen.« Protagonist: »Ja, *ich* bin jetzt nur noch eine leere Hülle.«

Er merkt gar nicht, daß seine Frau auch mitgekommen war und neben ihm steht. – Die Spielerin der Frau sagt traurig: »Du hast mich überhaupt nie angeschaut. Du siehst mich nicht.« Als der Protagonist – zunächst noch wie von weitem – ihre Stimme hört, jetzt, hier, wird er ihrer Gegenwart und ihres Kummers gewahr. Schon vorher, bei ihrer Einführung, war er diesem Gefühl nahegekommen. Er ist betroffen: »Es tut mir leid.«

Später in seinem Zimmer allein gelassen, versucht er in einem Monolog, seine Lage zu bedenken. Susanne hatte Möglichkeiten verkörpert, die er früher in sich gespürt hatte und die er aufgeben mußte, als er seinen Beruf und ein bürgerliches Leben wählte. »Ich habe nichts von dem gelebt, wovon ich früher träumte.« Um so wichtiger war ihm seine Tochter, die seine Begabungen geerbt hatte und sie entwickeln konnte.

Der Leiter schlägt vor, daß er jetzt noch einmal seine Tochter in Bologna besucht, wo sie studiert. Sie gehen zusammen essen. Sie sagt ihm, wie glücklich sie ist, aus dem engen Elternhaus entkommen zu sein, und wie dankbar sie sich an viele Dinge erinnert, die er ihr erzählt hat, als sie noch klein war, die er ihr gezeigt hat. »Und wie wunderbar, daß du mich hier einfach überraschend besucht hast – obwohl ich zuerst einen Schrecken bekam, du wolltest mich wieder nach Hause holen. Es ist schön, einen Vater wie dich zu haben; aber du schaust nicht *mich* an.«

Dieser Mann hatte seine Anima unterdrückt, als er sich allzu stark – und wie wir später hörten, einer bestimmten Vorgeschichte zufolge – dem äußeren Leben, dem von ihm gewählten bürgerlichen Leben anpaßte. Er hatte sein Gefühl und seine Phantasie verdrängt und alle positiven Anima-Aspekte nur noch in seiner Tochter gefunden. Mußte ihm nicht das Leben sinnlos erscheinen, als sich diese Hälfte seiner Seele von ihm »für immer« trennte, als er mit der Tochter seine besten, kreativen Möglichkeiten weggehen sah?

Im Feedback berichtete der Protagonist, wie er sich nach dem imaginierten Besuch bei seiner Tochter froh und wie erleichtert gefühlt hatte. Am nachhaltigsten aber war seine Betroffenheit darüber, daß er seine Frau all die Jahre nicht richtig gesehen hatte. Alte Gefühle für sie regten sich wieder; jetzt war die Tochter für ihn erst wirklich abgereist, und er hatte sie verabschiedet.

Die Anima des Protagonisten, die noch undifferenziert und in der Tochter gefangen war, hatte Autonomie erlangt. Victor war ihr ausgeliefert, weil er sich nicht bewußt war, *was* »Susanne« alles von ihm enthielt, weil er es auf sie projiziert, in ihr »deponiert« hatte. Wird ihm aber die Personifikation seiner eigenen Seele bewußt: »Sie ist ein Stück von mir«, dann ist eine Brücke geschlagen, über die für ihn der Weg von bewußter Einstellung zu unbewußten Inhalten führt, die für ihn jetzt neue Bedeutung bekommen.

Die »beiden Zwielichtgestalten des dunklen Hintergrundes (Animus und Anima) sind von fast unerschöpflichen Aspekten, mit denen man Bände füllen könnte. Ihre Komplikationen und Verwicklungen sind reich wie die Welt, genauso umfangreich wie die unabsehbare Mannigfaltigkeit ihres bewußten Korrelats, der Persona«.[83]

Jeder Mensch muß im Laufe des Lebens ein Bewußtsein und Gefühl der eigenen Identität erst entwickeln, um zu einem möglichst vollständigen (wenn auch nicht vollkommenen!) Menschen zu werden. Dazu gehört im Psychischen die Integration des gegengeschlechtlichen *Prinzips* – nicht nur einzelner männlicher oder weiblicher Eigenschaften.

Zur Vollständigkeit des Mannes gehört die Integration seiner Anima oder des ihm zugehörigen weiblichen Prinzips, das so lange unbewußt bleiben wird, bis das männliche Ich zu seiner eigenen bewußten Identität gefunden hat.

Und zur Vollständigkeit der Frau gehört die Integration ihres Animus oder des ihr zugehörigen männlichen Prinzips, das ebenfalls so lange als Eigenanteil unbewußt bleibt, wie sie nicht zu einer Identität ihrer Weiblichkeit gefunden hat.

Erst ein erstarktes männliches oder weibliches Ich kann auch seinen ergänzenden – primär unbewußten – gegengeschlechtlichen Anteil als Eigenanteil erkennen, akzeptieren, sich in Beziehung dazu bringen und ihn integrieren.

Das ist ein Bewußtwerdungsprozeß, der nur im Zusammenhang mit dem konkreten Leben erfahren wird. Je intensiver und bewußter das Leben erfahren wird, desto deutlicher ergibt sich die Notwendigkeit der Ergänzung durch den gegengeschlechtlichen Seelenanteil: Animus oder Anima. (Im äußeren Leben scheint dies durch die partnerschaftlichen Beziehungen selbstverständlich; als *inner*seelische Notwendigkeit wird dies nicht so leicht akzeptiert.)

Prägendes Bild für das weibliche Prinzip und allgemein für weibliche Qualitäten (für die Frau wie für die Anima des Mannes) ist zunächst die Gestalt der Mutter – oder entsprechender weiblicher Personen. Prägendes Bild für männliche Qualitäten kann das Bild des Vaters sein (für den Mann wie für den Animus der Frau) oder entsprechender Figuren, die auf die seelische Entwicklung des Mannes oder der Frau einen starken Einfluß haben.

Ebenso werden aber männliche Qualitäten auch schon im Wesen der Mutter erfahren – in positiver oder negativer Weise –, je nachdem, wie diese »patriarchalen« oder »matriarchalen« Geist erlebt und integriert hat oder nicht; je nachdem, wie in ihr das männliche Prinzip (das als ergänzender Seelenanteil zu ihrem Wesen gehört) zum Ausdruck kommt.

Das Bild der Mutter wirkt prägend auf die Tochter in ihrer Entwicklung zur eigenen Weiblichkeit und auf den Sohn in bezug auf das weibliche Prinzip, das ihm später in verschiedenen weiblichen Anima-Gestalten begegnen wird. Das *Bild* der Mutter: das heißt das, was Tochter und Sohn subjektiv in ihr erleben und was sich ihnen zum Bild des gesamten Mütterlichen formt – nicht, was die objektive Mutter, Frau X., wirklich oder aus eigener Sicht ist.

Je sicherer die Frau in ihrer bewußten weiblichen Identität ist, desto selbstverständlicher hat sie den sie ergänzenden und vervollständigenden »männlichen« Anteil, ihren Animus, integriert: eigene Initiative, Entschlossenheit, schöpferische Kreativität, geistiges Leben, Sinn für Zusammenhänge und so weiter.

Wenn es für die Frau möglich ist, dem Animus unbeschwert und unvoreingenommen zu begegnen – also unverbogen durch eine negative Einstellung der Umwelt oder des Kollektivs zum männlichen Prinzip –, dann kann er ebenso wie die Anima als »Psychopompos«, das heißt als Seelenführer wirken, als Führer und Vermittler zwischen dem Bewußtsein und dem Unbewußten.

Aber er zeigt sich kompensatorisch zur bewußten Einstellung und darum in sehr verschiedenen Facetten: vom schöpferisch-belebenden Geistaspekt bis hin zum verzerrenden Machtstreben, zu verkrampfter Identifizierung mit oder Ablehnung von männlichen Qualitäten. Dahinter ist dann der jeweilige projektionsbildende Faktor zu spüren, der Vater beziehungsweise das Bild des Männlichen oder des dahinterstehenden Prinzips, wie es bisher erfahren oder einem übermittelt wurde.

Anima und Animus sind autonomer und bewußtseinsferner als der Schatten. Das heißt, es ist schwerer, sie als Projektionen eigener Persönlichkeitsanteile zu erkennen und zu akzeptieren. Das gilt für den Animus vielleicht in noch stärkerem Maße als für die Anima.

Aus der Fülle der Möglichkeiten folgen einige Beispiele von Psychodramen, in denen der Animus im Zentrum stand.

Protagonistin war eine 25jährige Laborantin, die zu ihrer »eigenen Weiblichkeit« finden wollte, wie sie sagte. Sie fühlte sich verunsichert, denn je bewußter sie sich »richtig« verhalten wollte, vor allem Männern gegenüber, desto mehr fühlte sie sich von ihnen belästigt, ausgenutzt und im Grunde mißbraucht.

Bisher war Angela kaum positiven männlichen Qualitäten begegnet. Ihr Vater war und ist ein cholerischer Eigenbrötler und wird von der Familie gemieden und ignoriert. Angela merkt nicht, daß sie sich angewöhnt hat, »Männer« mit den Augen der Mutter zu sehen und zu erleben. Aus einer unbewußten Identifizierung mit der Mutter entwickelte sie dabei einen enormen Machtanspruch.

Im Psychodrama wurden zunächst einige Begegnungen zwischen Angela und ihren »Kollegen« wiederholt:

Sie wird zu einem Kaffee eingeladen – und »weiß« zum Schluß, daß sie diesem Mann nie trauen dürfte.

Sie geht zu einem Tennismatch – und will den Partner nie wieder sehen, denn er habe es doch nur auf Sex abgesehen, so wie er sie provoziert habe.

Sie trifft einen anderen zum Essen – und ärgert sich über seine schlechten Tischmanieren, seine ungebildeten Gespräche und so weiter. Mangelndes Niveau ist überhaupt den meisten Männern eigen, denen sie begegnet.

Danach bekommt Angela dieselben Geschichten noch einmal »vorgespielt«, das heißt: widergespiegelt, indem jetzt eine andere Teilnehmerin Angela ist und alles mögliche getreu wiederholt, mit Worten, Mimik und Gestik »spiegelt«.

Angela schaut zu. Dann unterbricht sie schließlich und sagt: »Nein, das ist ja schlimm, so geht es doch nicht!« Sie hat gesehen, wie sie sich zunächst sehr weich gibt, mit einer belebt-samtenen Stimme spricht – und nachher immer steifer und verkrampfter wird, um schließlich mit einer Art von Genuß ein weiteres Rendezvous abzulehnen oder sonst ihre Überlegenheit und Ablehnung zu zeigen. Sie erlebte, daß sie sich selber so verhielt, wie sie es – unbewußt – von den Männern erwartete: Bei jedem neuen »Bewerber« sah sie eine krumme Absicht, ein schiefes Kinn, etwas Lauerndes im Rükken: Drosselbart.

Sie nimmt alle möglichen Mängel an den Männern wahr und merkt nicht, daß es *ihr* männlicher Anteil, ihr Animus ist, den sie in diesen Männern erlebt, den sie projiziert. Sie muß erst den Weg der Königstochter gehen, die schließlich einen Bettler heiraten muß und so ihre eigene Schwäche, Armut und Unvollkommenheit erfährt, um später, nach einer Zeit der Mühsal, in ihm den König Drosselbart und sich selbst als Königin zu erleben.

Manchmal ergibt sich die Lösung zu einem Problem, indem sich im Protagonisten selber ein solches kollektiv gestaltetes, archetypisches Bild im entscheidenden Augenblick einstellt.

Dieser jungen Laborantin erschienen *alle* Männer minderwertig und zweifelhaft, weil sie ihr noch unentwickeltes männliches Prinzip auf sie projizierte. Ihr negatives Bild vom Männlichen aber entsprach dem patriarchalen Animus der Mutter, von dem sie sich noch nicht gelöst hatte.

Und doch ist auch hier in diesem Psychodrama die Ahnung vorhanden, daß Eros und Logos einander ergänzen können, ja müssen, und daß man als Mädchen oder Frau erst dann das Gefühl der eigenen Identität und Vollständigkeit gefunden haben wird. Aus dieser Ahnung heraus spricht Angela in jedem Mann mit ihrer samtenen Stimme einen möglichen neuen Aspekt von sich selber an.

In Zusammenhängen wie diesem tauchen im Bewußtsein der Teilnehmer öfters Märchen- oder Mythenmotive auf, in denen sich ihr Problem spiegelt und die einen Weg zur Lösung weisen können.

So wurde aus einem Psychodrama heraus ein Abschnitt aus Dornröschen gespielt. Die Protagonistin hatte so lange in sich ruhend gewartet, daß die Zeit jetzt reif war für den Königssohn und ihre Erweckung durch ihn.

Ein »häßliches Entlein« – eine Protagonistin mit starken Minderwertigkeitsgefühlen und der Erfahrung, wegen ihres ungeschickten Verhaltens immer abgelehnt zu werden – fand zu einer Schar herrlicher Schwäne, unter denen es sich schließlich als ebenso herrlichen Schwan mit kräftigen Flügeln und gut gewachsenem Schnabel erkennen konnte.

Unter dem verletzten Pelz – einem dicken, ruppigen Persona-Mantel eines Protagonisten – kam ein Stück Prinzenkleid heraus, und es ging im weiteren um die Erlösung des verwunschenen Persönlichkeitskerns, des Königssohns in ihm; mit Hilfe seiner Anima als Schneeweißchen und Rosenrot – und der Mutter im Hintergrund.

Beim Kampf um einen so ersehnten Schatz, um ein ersehntes Ziel, kann einem so ein giftiger Zwerg wie Rumpelstilzchen in den Weg geraten. Man gerät in Zorn und könnte sich fast zerreißen. Und doch: Wenn man diesen Giftzwerg näher kennt und ihn beim Namen nennen kann – und wenn man gar noch mit ihm richtig umgeht, dann kann gerade er einem das Kind, die eigenen zukünftigen schöpferischen Möglichkeiten schenken oder freigeben. Dann ist es gelungen, durch Zuwendung zu einem inferioren Animusaspekt in sich einen Zugang zu unbewußten Seelenanteilen zu finden und durch den angemessenen Umgang zu positiven männlichen Qualitäten oder zum Logos-Prinzip zu gelangen.

Es ist schwierig für eine Frau, zu einem ausgewogenen, fruchtbaren Verhältnis zu den männlichen Qualitäten in sich selber zu finden, wenn sie als Frau nicht Eros erleben, die eigene »erotische Begabung« nicht entdecken kann; wenn man nicht aus eigener »weiblicher« Fülle schöpfen und schenken kann. Wie soll Männliches dann Weibliches ergänzen?

Marion, vaterlos aufgewachsen, hatte eine strenge Mutter. Diese war eine gebildete, aber kalte, vom Leben abgewandte Frau, die einen Sohn vielleicht noch akzeptiert hätte, die aber eine Tochter nicht lieben konnte.

Aus Sehnsucht nach freundlicheren Aspekten heiratete Marion früh, bekam zwei Kinder: Sohn und Tochter, hatte einen rücksichtsvollen Mann. Aber sie mußte jetzt, mit 45 Jahren, feststellen, daß ihr Leben sich nur äußerlich von dem der Mutter unterschied. Es war ebenso karg und kalt, sie war als Mutter ebenso ungeliebt, ihr Mann war ihr keine Ergänzung. Sie bezeichnete ihn als sterilen und zurückgezogenen Sonderling.

Wenn das Hilfs-Ich sie in ihrer harten Schale hinterfragte, wenn es die Persona als »unmütterliche Intellektuelle« anzweifelte und auf die Gefühle von Verletztheit und Enttäuschung aufmerksam machte, so wurden solche auftauchenden Gedanken schnell verscheucht: »Es nützt nichts, sich Gefühlen hinzugeben.«

Gespielt wurde ein Abendessen am großen Familientisch in einem großen, steifen Eßzimmer. Die beiden fast erwachsenen Kinder waren – wie so oft – nicht nach Hause gekommen. Mann und Frau saßen einander gegenüber, steif, befangen beinah.

In der Einführung des Ehemanns hatte Marion gespürt, wie er sich nur noch im Beruf glücklich und ausgefüllt fühlte, im Kontakt mit jungen Leuten. Zu Hause hatte er resigniert. Er war seiner Frau auf die Dauer nicht gewachsen. Zu seinen Kindern hatte er kaum Kontakt, weil sie sich dazwischenstellte.

In dem folgenden Dialog äußerte Marion einige bittere Klagen. Dann sprach sie – im Rollentausch – immer mehr und immer intensiver aus der Rolle des Mannes zu sich selber: »Ich wollte dir ein schönes Leben bieten. Ich habe dich geliebt. Aber du warst uneinnehmbar. Du hast mich zu dem gemacht, der ich hier bin.«

Sie hatte ihren Mann als positive Ergänzung nicht angenommen. Sie hatte im Gegenteil so lange ihren eigenen, durch die Mutter geprägten Animus als »intellektuelles, kühles, gehemmtes, abweisendes Wesen« auf den Mann projiziert, bis er sich mit dem Projizierten identifizierte und ihr als der gegenübertrat, den sie erwartete beziehungsweise zu dem sie ihn gemacht hatte.

Immer mehr Gefühle brachen aus der Protagonistin heraus – für und gegen sich selber. Die jetzige Lebenslage, das Grundmuster der jetzigen Situation, wurde plötzlich zu einer erschütternden Erfahrung.

Sie zerbrach ihre eigene Starre, indem sie sie aufdeckte, und geriet in Emotion, in Bewegung: Trauer um verlorene Jahre, versäumte Liebe, verpaßte Möglichkeiten. Sie stand zwischen Hoffnung und Hoffnungslosigkeit.

Das Sharing war für die Protagonistin nochmals bewegend, weil ihr viel Wärme und Mitgefühl entgegengebracht wurde, ebensoviel Anteilnahme aber auch dem Mann zukam. Sie hatte aus beiden heraus gefühlt und gesprochen, und die Ahnung ist ihr aufgestiegen, daß sich hier zwei Menschen, zwei Elemente, zwei Prinzipien ergänzen müßten.

Vor allem wurde eines deutlich: »Niemand kann sich selber erkennen und von seinem Nebenmenschen unterscheiden, wenn er von letzterem ein entstelltes Bild hat – wie auch niemand den andern verstehen kann, wenn er zu sich selber keine Beziehung hat« (Jung).[84]

Auch im folgenden Psychodrama geht es darum, eine neue Beziehung zu sich selber zu finden.

Die Protagonistin ist von einem Unbehagen gepackt, das sie näher verstehen möchte. Sie ist 26, auf dem Höhepunkt ihrer bisherigen Bemühungen angelangt. Sie hat ein Studium abgeschlossen und plant, ein neues anzuschließen. Gerade jetzt, als die Anpassung an die Umwelt so gut gelungen ist, ist in ihr etwas aus der Balance geraten. Das begann vor nicht langer Zeit bei einem Waldspaziergang mit einem alten, sehr guten Freund, der sie im Gespräch ganz unerwartet vor die Frage stellte: »Sag einmal, wovor läufst du eigentlich davon?« Durch die Frage dieses Freundes, den sie als »Vater und Mutter in einem« und als »Weisen« vorstellte, diesem »matriarchalen Animus« wurde sie in den Schrecken versetzt, der sie jetzt zu einer Neuorientierung drängt.

Auf die Frage des Leiters, ob es etwas gebe, wovor sie davonlaufe, fallen ihr tiefe Kindheitsängste ein. Sie läßt sich jetzt in einen Sackstuhl fallen, ihr Kindheitsbett, und spürt von neuem, wie sich die Angst anschleicht. Sie schien zu fallen – fallen – fallen, alles stürzte ein. Der Angstruf des Kindes erschreckt jetzt die Gruppe. Aber nie war jemand zu dem Kind gekommen. Sie bleibt auch jetzt allein. »Ich mußte mich wahnsinnig zusammennehmen, um nicht zu sterben. Der einzige Schutz war mein Bett.«

Sie imaginiert die frühen Erlebnisse und spricht dabei im Monolog. Die Gruppe ist jetzt nur Zeuge des Geschehens. Nach einer Weile erhebt sie sich aus dem weichen Lager. Sie kennt die Möglichkeit, verschiedene Persönlichkeitsanteile in Form verschiedener Stühle im Raum zu verteilen und einander zuzuordnen. Jetzt schiebt sie den Sackstuhl, ihren Angstanteil, in dem sie sich ganz klein und hilflos fühlt, ganz nah an den Stuhl des Baumstammes (auf dem sie zuvor im Wald mit dem Freund gesessen hatte). »Dort ist es am wenigsten gefährlich, dort kann ich die Kleine alleine lassen«, sagt sie.

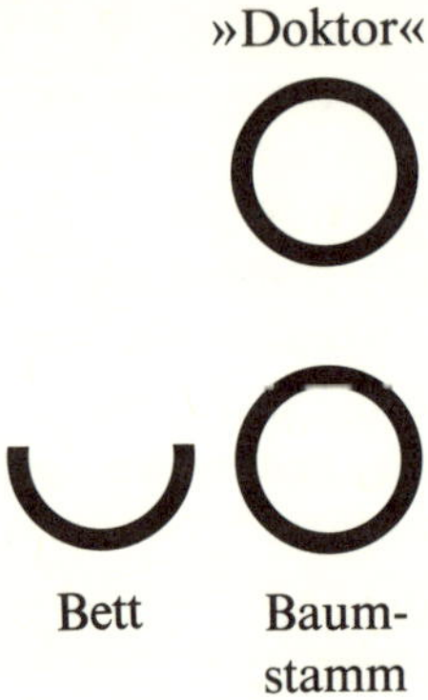

Jetzt stellt sie diesem gegenüber den Stuhl auf, auf dem sie ihr Studium mit einem Doktorgrad abschloß; den Teil von sich, mit dem sie ihre Ängste überwunden und eine Position errungen hat, auf die sie stolz ist. Sie sitzt eine Weile auf dem Stuhl, mit angenehmer Genugtuung.

Aber dann kommt ihr ihre verbissene Härte in den Sinn, mit der sie sich durchboxt und einsetzt, wenn sie etwas erreichen will, und mit der sie sich über andere hinwegzusetzen versteht. Sie nimmt einen harten schwarzen Klappstuhl und plaziert ihn in die Mitte, zwischen die beiden Pole. – Nach einem kurzen Zögern sagt sie: »Nein, da paßt er nicht hin. So wichtig ist er auch wieder nicht. Er gehört wohl dazwischen, aber mehr an den Rand.«

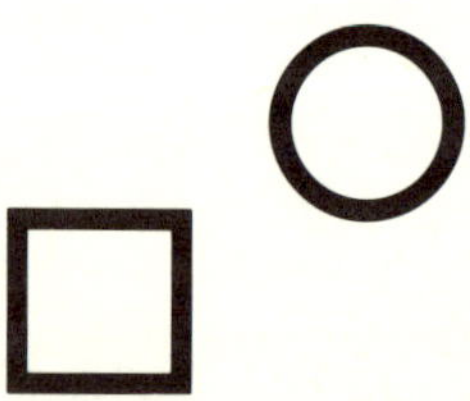

Sie setzt sich auf diesen Stuhl, ambivalent: Sie braucht ihn wirklich, wenn sie etwas erreichen will. Aber sie findet sich dort nicht sehr nett, nicht »weiblich« genug. Und während sie hier sitzt, setzt ein Haß auf »die Kleine« ein, die »immer so dumm tut, ewig Angst hat, schreit und zittert«. –

»Wenn die nicht wäre, müßte ich nicht so stark tun und meine Ellbogen brauchen und mich nach oben boxen.«

Hilfs-Ich: »Natürlich habe ich mich auch reichlich wenig um die Kleine gekümmert. Ich hatte ja beinahe vergessen, daß es noch Ängste geben kann.«

Protagonistin: »Ja, das stimmt. Was mach' ich jetzt nur

mit ihr? – Das kann ich hier nicht denken, denn auf diesem Stuhl – dem harten – bin ich nur wütend auf sie.«

Sie setzt sich in die Mitte der Stühle, auf die Erde, und zieht mit dem Finger einen Kreis um sich, um in Ruhe nachdenken zu können. Sie erwägt die Qualitäten der einzelnen Positionen:

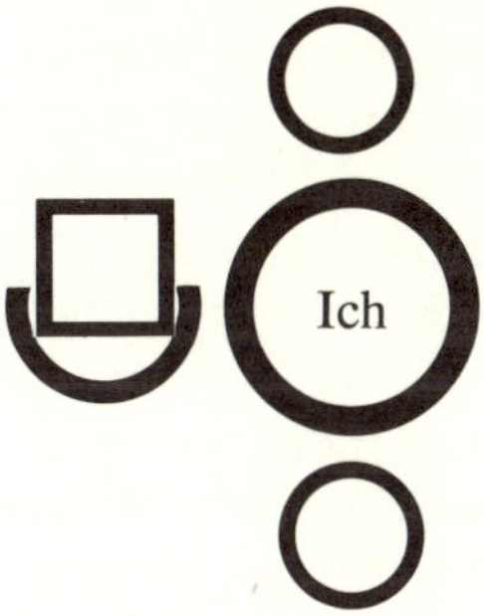

Der Baumstamm ist ihr die wichtigste, den schiebt sie noch einmal liebevoll zurecht. Die Studienrolle, den »Doktor«, die Möglichkeit, draußen zu bestehen, kann sie auch nicht hergeben. Die steht dem Baum gegenüber. Die Härte ist zwar vielleicht nicht immer sympathisch, aber sie muß zu ihr stehen, sonst wäre sie längst untergegangen. Die Kleine dagegen erbarmt sie. Sie steht auf, sieht sie noch einmal aufmerksam an: »Du mußt größer werden. Du mußt spielen lernen. Du mußt aus dem Bett heraus. Komm mit.« Sie stellt den Sack fort, holt einen kleinen bequemen Sessel und stellt ihn dicht neben den harten Klappstuhl. »So. Hier brauchst du nicht soviel Angst zu haben. Der da kann dir helfen, wenn es schlimm wird.« – Und nach einer Weile: »Übrigens tust du dem auch ganz gut, dann sieht er nicht mehr so grimmig und aggressiv aus, wenn du ihm über die Schulter schaust.«

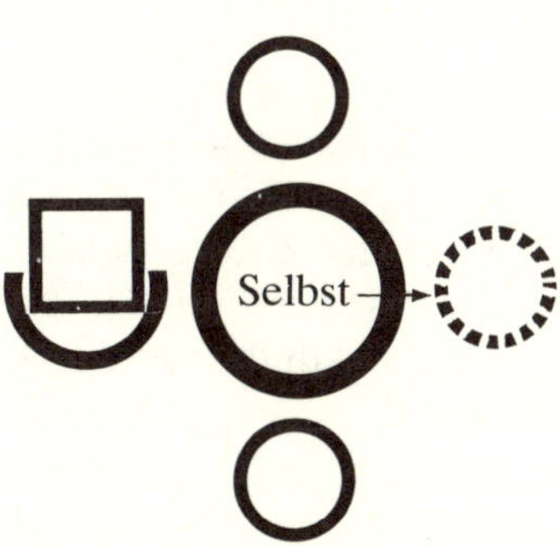

Jetzt setzt die Protagonistin sich wieder in die Mitte. Sie legt den Kopf auf die Knie und sinnt. Da spürt sie allmählich, wie leer es auf der einen Seite ist. Sie wendet sich dorthin. »Und was fehlt jetzt dort?«

Warten. – »Kein weiteres Studium.«

Warten. – »Der Beruf?«

Warten. – »Ich möchte,

daß von dort jemand auf mich zukommt und mich hält. – Es muß *jetzt* keiner kommen. Ich kann warten und sehen, was es sein wird.« Sie steht auf, stellt einen Stuhl an die leere Stelle und sagt: »Das ist die Zukunft.«

Sie ist jetzt entspannt. Ohne Angst und ohne Unbehagen betrachtet sie die geometrische Struktur, die hier entstand, und läßt sie auf sich wirken.

In diesem Psychodrama stieß die Protagonistin in ihrer jetzigen Beunruhigung auf frühe Ängste und realisierte in der »Regression«, im Kinderbett, wie sie diese verdrängt hatte. Sie spürt sowohl Inhalte ihres persönlichen Unbewußten aufsteigen als auch dahinterliegende archetypische Angst. Schutz bietet im Wald auf dem Baumstamm der alte Freund, der Mutter Natur und Geistaspekt in einem verbindet. Sie schiebt ihre zerbrechliche Seite in die Nähe dieses Geistvaters. Darin kann man sowohl das Inzestmotiv von Tochter und Vater erblicken wie aber auch eine Conjunctio (Verbindung) zwischen noch schwachem weiblichen Ich und dem väterlichen Geistaspekt (er war ein Weiser) – oder positiven Animus. In dieser Weise gestärkt, sieht der weibliche Teil des Ichs mit Stolz auf seine eigenen »männlichen« Errungenschaften – und kann auch zur Härte des Animus, zu männlicher Durchsetzungskraft stehen. – Im letzten »Bild« ist der matriarchale Animus der schützende Grund, dem gegenüber sich der patriarchale Animus in intellektueller Tätigkeit und Bewältigung der Außenwelt durchsetzen kann. Sie selber verbindet ihre weiche und ihre harte Seite zu einer Ganzheit und fühlt sich nun auch bereit zu einer Begegnung mit der Zukunft und der Realität, die sie ihr bringt.

Die sich ergebende Struktur ist durch den Kreis im Zentrum betont, der anfangs Ichkern, das reflektierende Ich war, gegen Ende mehr den strukturierenden zentralen Archetypus des Selbst durchschimmern ließ, durch den Kräfte evoziert werden, die heilend sind. Das wurde auch spürbar in der Zuversicht der Protagonistin, daß dieser Zukunftsaspekt sich jetzt »von selbst« weiterentwickeln werde.

Man könnte in diesem Psychodrama eine Auseinandersetzung mit verschiedenen gefühlsbetonten Komplexen sehen. Jeder der verschiedenen Persönlichkeitsanteile war mit starker Emotion imaginiert worden. Und »Komplexe gehören nun einmal zur psychischen Konstitution«.

»Was ist nun, wissenschaftlich gesprochen, ein ›gefühlsbetonter Komplex‹? Es ist das *Bild* einer bestimmten psychischen Situation, die lebhaft emotional betont ist und sich zudem als inkompatibel mit der habituellen Bewußtseinslage oder -einstellung erweist. Dieses Bild ist von starker innerer Geschlossenheit, es hat seine eigene Ganzheit und verfügt zudem über einen relativ hohen Grad von Autonomie.«[85]

Dieses Psychodrama ist *ein* Beispiel für verschiedene Möglichkeiten von aktiver Imagination, die im Psychodrama möglich sind (und die hier manchem gelingen, der sonst über Schwierigkeiten dabei klagt). Die Kräfte, denen hier begegnet wird, sind so real, daß sie autonom, das heißt aktiv erfahren werden. Es geht von ihnen eine greifbare Wirkung aus.

Es ließe sich von vielen anderen Psychodramen berichten, in denen in ähnlicher Weise versucht wurde, mit verschiedenen Persönlichkeitsanteilen umzugehen und Einsicht in innerpsychische Vorgänge zu gewinnen.

Ein Protagonist, der eine ganze Anzahl von psychischen Anteilen um sich erstehen sah und sich mit ihnen auseinandersetzte, sie verschieden gruppierte und wieder umgruppierte, stand zum Schluß vor der Frage: Wie erkenne ich darin nun mich als Ganzes? Da kam er auf die Idee, sie zu einem Turm zu stapeln. Es waren mindestens acht Stühle, Sessel, Hocker und Klappstühle. Und das Erstaunlichste war: Der Turm stand nachher fest da und stürzte keineswegs ein, wie alle anderen gefürchtet hatten.

Spiel – und heiliger Ernst –, im rituellen Handeln vollzogen.

Vater, Mutter, Eltern

Immer wieder zeigt sich die wechselseitige Bedingtheit zwischen der bewußten wie unbewußten Beziehung, die jemand zu sich selber hat, und dem dazu korrespondierenden gegengeschlechtlichen Seelenteil. So hängt es von dem Verhältnis, das eine Frau zu ihrer »natürlichen Weiblichkeit« hat, ab, welche Korrelate des männlichen Prinzips konstelliert werden. Zu Aphrodite, Persephone, Hera, Selene oder Hekate gesellen sich sehr verschiedene ergänzende männliche Kräfte oder Funktionen.

Dabei ist es für die Frau heute, da das Rollenverständnis von Mann und Frau im Wandel begriffen ist, schwerer, eine »natürliche Weiblichkeit« als einheitliche Basis ihres Ich-Gefühls zu erleben, als es früher gewesen sein mag. Es fällt mancher Frau schwer, ihre Weiblichkeit zu akzeptieren, weil sie sie mit erwartetem Dienen, mit erwarteter Selbstaufopferung gleichsetzt. Das führt sie nicht nur zu schwierigen »Animusbeziehungen«, die sie häufig als verletzend und kränkend erfährt, sondern auch zu einer Verunsicherung ihres Selbstverständnisses als Mutter.

In die Rolle von Mutter oder Vater muß jeder einzelne erst hineinfinden. Ebenso hat jeder seinen Vater und seine Mutter – scheinbar – einmalig prägend erfahren. In den verschiedenen Psychodramen wird immer wieder deutlich, wie hinter den konkreten Eltern mehr steht, als der einzelne zunächst für möglich hält. Es zeigt sich immer das *Bild* von Vater und Mutter, das der einzelne in sich trägt, wie seine Seele Vater und Mutter erfuhr, zum Teil unabhängig von deren effektivem Verhalten.

Mutter und Vater sind für den einzelnen *die* ersten und prägenden Vertreter des weiblichen und des männlichen Prinzips und werden zu Projektionsträgern des Archetypus von Vater und Mutter. *Wie* der einzelne die archetypischen Strukturen und ihre Konkretisierung durch die persönlichen Eltern erfährt, ist wiederum *mit*bedingt durch die Strukturiertheit seiner eigenen Psyche.[86]

Im Psychodrama kommt es zur Auseinandersetzung mit Vater oder Mutter oder den Eltern auf allen Ebenen: der ganz persönlichen, konkreten, der kollektiven und der archetypischen. Und im Grunde lassen sie sich nicht genau voneinander unterscheiden, denn in jedem noch so »konkreten« Vater ist das Bild des Vaters und der Archetypus des Vaters mitenthalten.

Weil die wichtigsten Prägungen in der Kindheit stattfanden, kehrt die Seele bei wichtigen Erlebnissen zu den prägenden Erfahrungen der Kindheit zurück, auch wenn sie längst verstanden oder integriert schienen. »Man kann sich ... von der Kindheit nicht befreien, ohne daß man sich ausgiebig mit ihr beschäftigt ... Mit einem bloß intellektuellen Wissen ist es dabei nicht getan, sondern wirksam ist nur eine Wiedererinnerung, die zugleich ein Wiedererleben ist ... Kehrt man also zurück, so findet man dort noch lebendige Stücke der eigenen Persönlichkeit ... Jene Stücke sind aber noch im Kindheitszustand und deshalb stark und unmittelbar«, schreibt Jung[87], nicht Moreno, wie man auch meinen könnte.

Ein Protagonist steht kurz vor dem Abschluß seines Kunstgeschichte-Studiums, aber er sieht keine rechten beruflichen Möglichkeiten vor sich. Er hatte das Studium nur gewählt, um etwas anderes als sein Vater zu machen, der Richter ist.

Kommt das Gefühl der Verunsicherung nur durch die schlechten beruflichen Aussichten? – Der Protagonist erzählt, daß er sich noch nie sicher gefühlt habe. Immer schwebte eine Bedrohung über ihm. Wenn er zum Beispiel mit seinen zwei jüngeren Brüdern spielte oder Streiche machte, so war immer er der Ertappte, der Schuldige. Der Vater war sein Richter. – Die Mutter war wie nicht vorhanden, obwohl sie eigentlich fast immer anwesend war. Er konnte sich ihr nicht bemerkbar machen.

Nach Beispielen gefragt, fällt ihm eine schreckliche Begebenheit ein, als er schon achtzehn Jahre alt und kurz vor der Reifeprüfung war. Er wollte gern das eine Auto des Vaters ausleihen für ein Konzert, zu dem er sonst nicht hinkommen konnte, da sie sehr entlegen wohnten. Diese Szene wird jetzt wiederholt.

Der Vater wird eingeführt: ein ruhiger, sachlicher Mann,

unbeteiligt, vorwiegend an seiner Arbeit interessiert. Das Studierzimmer des Vaters: Bücher rund um die Wände, ein großer eichener Schreibtisch, ein dazu passender Stuhl mit hoher Lehne, ein Thron beinahe.

Der Protagonist steht vor dem Zimmer des Vaters und klopft an. Das Hilfs-Ich spürt sein Zögern, bevor er überhaupt zu klopfen wagt, und sein Zusammenschrumpfen, als keine Antwort erfolgt. »Ich habe einen richtigen Bammel vor dem Alten.« Er weiß, der Vater ist drinnen. Er klopft jetzt – mit Anstrengung – lauter, und schließlich noch ein drittes Mal. »Herein.« Ulrich bleibt an der Türe stehen. »Vater, ich weiß, ich soll dich nicht bei der Arbeit stören, aber ich wollte dich etwas fragen, was mir wichtig ist.« Er bittet um das kleine Auto und verhaspelt sich bei der Rechtfertigung, warum er darum bittet. Natürlich bekam er das Auto nicht. – Und jetzt, durch Rollentausch, als er sich mit den Augen des Vaters sieht – und durch »Spiegeln«, als ein anderer an seiner Stelle in der gleichen Haltung und im gleichen Ton die Bitte an den Vater richtet, sagt Ulrich entschieden: »Nein, *dem* hätte ich es auch nicht gegeben.«

In der nächsten Szene bittet Ulrich *heute*, mit 26 Jahren, den Vater um das Auto, für drei Stunden nur. Der Anlauf gelingt etwas forscher, der übrige Ablauf und das Ergebnis sind fast gleich. Dann bricht es aus Ulrich hervor: »Es ist alles noch, wie es früher war, wie es immer war. Es ist genau dasselbe Gefühl. Es wird nie anders werden.« Hilfs-Ich: »Mein Vater sieht mich nicht, wie ich eigentlich bin.« Ulrich: »Ich möchte, daß mein Vater mich sieht. Ich möchte, daß er mich liebt.«

In einer weiteren Szene trifft Ulrich seine Eltern an einem neutralen, nicht vorbelasteten Ort. Er sucht ein Gespräch mit ihnen, das vielleicht Türen öffnen könnte. Als er dann beiden gegenübersitzt, empfindet er sie wie eine Mauer, zu der er kaum sprechen kann. – Im Rollentausch merkt er, wie unbehaglich es für seine Eltern ist, daß er mit so vielen Erwartungen vor ihnen sitzt und nichts davon ausdrücken kann. In der Rolle des Vaters spürt der Protagonist, wie unangenehm es für jenen ist, mit so vielen Projektionen beladen zu werden: »Du bist stark – du bist unnahbar – du bist unbarmherzig – du – du – du –.« Wieder auf seinem eigenen Platz, spricht der Protagonist einen Gedanken aus, der in ihm aufsteigt: »Was mache ich bloß falsch? Meine Brüder haben es so viel leichter mit den Eltern. Sie haben auch noch keinen rechten Beruf, sind auch noch nicht verheiratet – und sie werden so akzeptiert, wie sie sind.«

In diesem Moment stellt der Leiter die zwei Mitspieler, die schon eingangs in die Rollen der Brüder eingeführt worden waren, links und rechts neben den Protagonisten. Er läßt ihre unerwartete Gegenwart auf sich wirken und sagt: »Gut, daß ihr da seid. Zusammen werden wir mit der Lage vielleicht noch fertig werden.«

Es wurde im Psychodrama deutlich, daß der Protagonist mit einer größeren Macht als nur mit seinem Vater rang. Vater – das Bild des Vaters, das er sich gemacht und auf den Vater projiziert hatte – und Vater*imago* standen ihm gegenüber. Unter dem Eindruck dieser Macht hatte er zu keiner eigenen männlichen Identität finden können. Es war ein wichtiger Moment, als er die beiden Brüder, über die er sich vorher eher beklagt hatte, als Verstärkung akzeptierte. Sie stellten positive, nämlich vitale, »unkomplizierte« Schattenaspekte dar. Wenn er diese in sich zulassen kann als eigene, zu ihm gehörige Teile, dann ist »die Lage« den Eltern gegenüber wesentlich verändert.

Auch im Vater erlebte er Schattenaspekte: Kraft, Selbstvertrauen, Gelassenheit – Möglichkeiten, die in ihm bisher nur latent vorhanden sind.

In der emotionalen Auseinandersetzung mit dem Vater erwies sich vieles als »inkompatibel«, unvereinbar mit der gewohnten, mit der habituellen Bewußtseinslage oder -einstellung. Das heißt, er ist auf einen Komplex gestoßen: auf seinen Vaterkomplex. Besonders als Träger von Autorität und Macht (als Richter) bot der Vater Anlaß zu einem Autoritäts- und Machtkomplex beim Sohn, denn Autorität und Macht waren inkompatibel mit den bewußten Fähigkeiten des Sohnes. Ebenso konnte jeder Lehrer oder Vorgesetzte – durch den Vaterarchetypus aufgeladen – den Autoritätskomplex konstellieren.

Es kommt auf das gleiche heraus, ob man durch heftige Gefühle auf das Vorhandensein eines Komplexes aufmerksam wird, diesem nachgeht und dann vielleicht auf eine mächtige Vaterfigur stößt, oder ob man durch das Erleben einer mächtigen Vatergestalt auf die Komplexe stößt, die sich durch die Unfähigkeit, mit ihr richtig umzugehen, aufgebaut haben. Wichtig ist, daß die archetypische Gestalt oder Situation so lebendig neu erfahren wird, daß sie dadurch eine Bewußtseinsänderung bewirkt.

War die Vaterfigur des letzten Protagonisten ausgezeichnet durch Erfolg und Macht, so die des folgenden durch Mißerfolg und Ohnmacht. Der Anlaß zum Psychodrama ist *Wut.*

Es erweist sich, daß der Grund für die Wut des Protagonisten in seinem Verhältnis zum Vater liegt. Sepp ist der älteste Sohn einer verarmten Bauernfamilie. Sein Vater war Alkoholiker, seine Mutter starb, als er selber erst sieben Jahre alt war. Er verließ den Vater und den Hof, als er knapp fünfzehn war. Er hat sich danach alleine durchgebracht und ist nie mehr dorthin zurückgekehrt. Jetzt soll Sepp im Psychodrama noch einmal in jenes Haus zurückgehen, das inzwischen verfallen ist, und mit seinem inzwischen verstorbenen Vater noch einmal sprechen.

Er kommt in eine kleine rußige Küche. Alles ist verlottert, seit die Mutter tot ist. Nicht einmal das Nötigste ist hier, was man braucht. Zu essen hat es sowieso fast nie etwas gegeben. Wenn Sepp hungrig war, schlich er sich in den Stall zu den Ziegen und trank von ihrem Euter. »Aber Schläge gab es viele, ob man etwas angestellt hatte oder nicht, weil es dem Alten so paßte. Da, am Wassertrog, hat er mir einmal den Hosenriemen übers Gesicht gezogen, nur weil ich gesagt hatte, ich sei dann froh, wenn ich endlich fortkäme aus diesem schrecklichen Haus. – Dort am Tisch hat er immer gesessen – wenn er überhaupt zu Hause war –, die Flasche vor sich. Dafür hat's immer noch gereicht. Einfach angeglotzt hat er mich, wenn ich in die Küche kam, nur auf der Lauer, was er mir jetzt vorwerfen könnte.« Leiter: »Jetzt sitzt er wieder dort am Tisch. Kannst du ihn sehen?«

Protagonist: »Ich hab' ihn die ganze Zeit schon gesehen.

Die dreckige Jacke, die er anhat, das Triefgesicht.« Es graut ihm. Dennoch zieht er einen Stuhl heran, dem leeren Stuhl gegenüber, auf dem jetzt für ihn sein Vater sitzt.

Leiter: »Heute hat er noch nicht viel getrunken. Er kann dich gut hören.«

Protagonist: »Das soll mir recht sein, Vater, wenn du mich mal hörst. Alle Schande will ich dir sagen, die du über mich gebracht hast. Wenn's nach dir gegangen wäre, wär' ich selbst im Dreck ersoffen. Aber du hast mich nicht untergekriegt. Noch nicht. Hättest mir gern ein Loch in den Bauch getreten, was? Nur weil ich sah, was für ein Mistkerl du warst. Beschissen zu meiner Mutter. Die hast du auch noch auf dem Gewissen, das wissen wir alle. Fluchen war alles, was du konntest. Und du hast uns verflucht. Das sitzt.« Längere Pause ... »Es ist mir nicht wohl, wie der jetzt dort sitzt.«

Vorsichtiger Rollentausch. Der Protagonist setzt sich auf den Stuhl des Vaters. Das Hilfs-Ich wiederholt noch einmal den letzten Teil seiner Anklage. Der Protagonist sitzt reglos, wie weit weg. Es scheint lange Zeit zu brauchen, bis ihn die Worte erreichen. Als Vater sagt er: »Es ist schrecklich, wie alles war ... – Ich hatte gehofft, du kämest wieder ... Es war schon alles aus ...« Und es tauchen aus der Sicht und Erinnerung des Vaters Bruchstücke aus der Elendsgeschichte der Familie auf: Es häufen sich der Kummer, das Leid, die Schmerzen und schließlich die Wut.

Rollentausch. Der Protagonist sitzt wieder auf seinem Stuhl, starrt »den andern« an. »Vater, ich spür's: Du hast auch dein Teil abgekriegt. Es war zuviel für dich. Bist versoffen drin. Es tut mir leid – für dich – und für uns. Mich hat's wenigstens nicht ganz untergekriegt. Noch nicht.« Er steht auf, nimmt eine Decke und breitet sie über den Stuhl des Vaters. »Ich hoffe, du hast wenigstens Ruhe jetzt.« Dann zur Gruppe: »Es ist in Ordnung jetzt.« Und setzt damit den Schluß.

Alles war sehr langsam gegangen, mit vielen Pausen. Langsam räumt Sepp jetzt auch ein Stück Vergangenheit nach dem andern weg. Und zuletzt bringt er die Decke zurück an ihren Ort, vorsichtig, wie wenn er den Vater noch einmal – oder eigentlich erst jetzt – in sein Grab legte.

Als Sepp bewußt in die Gruppe zurückkehrte und wieder im Kreis saß, war es wichtig für ihn, das Mitwissen, Mitleiden und die Liebe der anderen zu spüren. Er hatte sich seiner Wut entäußert (Katharsis) und hatte dafür seine Familiengeschichte, seinen »Erbanteil« in sich zugelassen.

Dieses Psychodrama zeigt sowohl ein Beispiel von aktiver Imagination wie auch die Rücknahme von Projektionen und ihre Integrierung ins Bewußtsein. Es ist erstaunlich, wie ein nur vorgestellter Mensch oder Persönlichkeitsaspekt, der auf einem leeren Stuhl gesehen wird, sehr schnell zu ganz eigenem Leben kommt und gleichsam autonom spricht oder handelt. Dabei sagt und hört der Protagonist Dinge, die ihm vorher nicht bewußt waren, die ihn irritieren oder schockieren, die er aber nachher ganz genau erinnert und im Bewußtsein bewahren kann. Oder er spricht Dinge aus, die er hätte wissen oder erinnern können (hier die Familiengeschichte), die er aber nicht erinnern wollte, also verdrängte.

Das nochmalige Erleben einer früheren konflikthaften, unbewältigten Situation kann den daraus entstandenen Schaden oder Komplex bewußt werden lassen und damit zu seiner Auflösung beitragen. Aber dieses Erleben muß ganz echt und spontan sein. Daß es auch anders verlaufen kann, zeigt ein kurzer Rückblick auf das Psychodrama einer jungen Frau. Sie hatte große Spannungen mit ihrer Mutter. Sie fühlte sich von ihr erdrückt und bevormundet und wollte im Psychodrama mit der Mutter ein Gespräch führen, das ihre jetzige Lage klärte. Das Gespräch verlief lebhaft, mit viel Rollentausch und Doppeln, beleuchtete verschiedene Divergenzen, Ansprüche und Verweigerungen und brachte schließlich ein freundliches Ende, indem beide Frauen sich nähergekommen zu sein schienen. – Beim Abräumen der Szene hatte die Protagonistin bereits alles mit gewisser Erleichterung weggestellt. Es war nur noch der Stuhl der Mutter stehengeblieben. Sie sah einen Augenblick gebannt darauf und versetzte ihm dann mit unvermuteter Wucht unversehens einen Tritt. Alle erschraken, als der Stuhl zur Seite flog. Dann nahm sie ihn, stellte ihn auf seinen Platz und sagte: »So, *jetzt* kannst du weg.«

Es zeigte sich hier, daß die vorherige Handlung noch nicht genügt hatte, nicht mit der unbewußten Seite der Protagonistin in Einklang stand. So hätte die Szene bei gutem Willen auch wirklich ablaufen können, aufgrund der bewußten Bemühungen der beiden Frauen. Aber der unbewußte Machtanspruch der Mutter und der unbewußte Haß der Tochter waren damit nicht erledigt. Die dem Schatten zugehörige Wut mußte auch noch gestaltet werden. Erst im letzten Moment kam der Schatten autonom hervor und zeigte, daß eine Versöhnung auf der intellektuellen Ebene zwar erwünscht, aber im emotionalen Bereich noch nicht möglich war.

Für die Züge, die ein Vater- oder Mutter*bild* trägt, ist unter anderem ausschlaggebend, mit welchem Elternteil ein Kind auf der unbewußten Ebene besser kommunizieren konnte und wie dieser Elternteil mit seiner eigenen – weiblichen oder männlichen – Identität zurechtkam. Eine Tochter, die sich mit der Mutter identifiziert, wird den Vater – und später den Mann – primär so erleben, wie die Mutter ihn ihr spiegelte. Eine Tochter, die sich zum Vater hingezogen fühlt, wird die Mutter – und später ihre eigenen weiblichen Möglichkeiten – primär aus der Sicht erfahren, die sie in der unbewußten Haltung des Vaters spürte. Dasselbe gilt für den Sohn.

Im Gegensatz zu jener Laborantin, die unbewußt die Haltung, Ansprüche und Ablehnung der Mutter dem Männlichen gegenüber einnahm, ist die Protagonistin des folgenden Psychodramas durch die primär positive Beziehung zum Vater geprägt. Er war in ihrer frühen Kindheit, der schönsten Zeit ihres Lebens, zur wichtigsten Figur für sie geworden: Sie hat einen »positiven Vaterkomplex«.

Anlaß zu ihrem Psychodrama sind ihre starken Minderwertigkeitsgefühle, die sie auf ihre Beziehung zu den Eltern zurückführte. Ihrer Mutter sei es ebenso ergangen. Sie schildert die Mutter als zuverlässig, aufopfernd, treu, aber sie war eine sitzengelassene, verschmähte Frau, die sich von der Welt zurückzog. Der Vater dagegen war ein erfindungsreicher, lebensfreudiger und unternehmungslustiger Mann – wenn auch erfolglos. Er strahlte Wärme, Kraft und Schönheit aus und bot Sicherheit.

Sie erinnert und spielt einen Traum aus der frühen Kindheit. Sie liegt wieder in ihrem Bett und träumt mit Schrecken, daß eine fürchterliche Hexe in ihr Zimmer kommt. Sie kann kaum schreien vor Angst. Die Hexe nähert sich, wird immer größer. Schließlich hört der Vater ihr Rufen und kommt ihr zu Hilfe (nicht die Mutter!). Er nimmt sie in den Arm und sagt: »Ich sehe gar keine Hexe«, und tatsächlich muß die böse Hexe vor *ihm* weichen. Sie verschwindet.

Bald danach kam der erste Schultag (nächste Szene). Der Vater hat Frau und Tochter verlassen. Die Mutter allein begleitet sie zur Schule, weinend, eine entwertete Frau, die sich vor den Nachbarn schämen muß.

(Als die Protagonistin jetzt die Minderwertigkeitsgefühle der Mutter beschreibt, wird sie hellhörig, wie sie dasselbe ausdrückt, was sie am Anfang als ihre eigenen Minderwertigkeitsgefühle geschildert hatte.)

Als sie danach im Psychodrama noch einmal den Vater und die Mutter vor sich sieht, erlebt sie alle Schönheit und allen Wert nur im Mann. Das Bild der Mutter bleibt grau. Durch die Identifikation mit dem Vater erlebte sie die Mutter und sich selbst – trotz aller objektiven positiven Qualitäten – als unwert: Das Weibliche konnte nicht belebend, anregend, anziehend, geistreich sein. Das waren die eingangs geschilderten Gefühle, und sie hatte nicht geahnt, wie früh sie in ihr entstanden waren.

Im Feedback sagte sie: »Es tat mir gut, noch einmal meinen Vater zu sehen. Aber jetzt wird es wirklich Zeit, daß ich ›erwachsen‹ werde und mich nicht mehr durch meine Mutter bestimmen lasse ... Ich muß zu mir selber finden, als Frau, und nicht das Wesen meiner Mutter leben.« – Die Protagonistin ist über fünfzig Jahre alt.

»Kehrt man ... aus späteren Jahren wieder zur Kindheitserinnerung zurück, so findet man dort noch lebendige Stücke der eigenen Persönlichkeit, die sich umklammernd an einen anschließen und einen mit dem Gefühl der früheren Jahre wieder durchströmen. Jene Stücke sind aber noch im Kindheitszustand und deshalb stark und unmittelbar. Nur wenn sie mit dem erwachsenen Bewußtsein wieder verbunden werden, können sie ihren infantilen Aspekt verlieren und korrigiert werden.«[88]

Aus einem anderen Psychodrama dazu nur ein Schlußbild. Auch hier wurde die Protagonistin oft ganz unerwartet von starken Selbstzweifeln gepackt. Es war, als »schwinde ihr der tragende Boden«. Das erschien ihr selber um so unbegreiflicher, als sie ein glückliches, erfülltes Leben hat. Nur aus der Kindheit erinnert sie schlimme Zeiten. Sie war als Mädchen unerwünscht gewesen, wurde ein »wildes Kind« und blieb bis zu ihrer Hochzeit »oft eine Komische«. Am schlimmsten waren die großen Ängste in der frühen Kindheit, und sie beschreibt, wie sie sich dann versteckte und stundenlang im Dunkeln sitzen konnte und Angst davor hatte, daß die *Eltern* sie finden würden.

Als sie die Eltern einführt, nimmt sie zwei große Sessel und setzt Vater und Mutter hinein. Dann stellt sie die beiden Sessel noch auf einen Tisch und hängt eine Decke darum herum: So hoch müssen sie sein und so groß. Es ist nur hinter ihnen Licht, alles andere wird dunkel. Sie sitzen dort oben wie ein Pharaonenpaar. Sie selber setzt sich in einiger Entfernung auf die Erde, zusammengekauert, ganz klein. – »So war es. Das war es. Das war die Angst.« Sie schaut gebannt hin. Lange Zeit. Langes Schweigen.

Nachher fängt sie an, sich etwas zu recken. Sie erkennt einzelne Züge an den beiden. Sie muß schmunzeln über gewisse Unzulänglichkeiten, wenn sie sie dort thronen sieht. Ja, sie findet Lächerliches an der Lage. Sie steht auf. Es sei doch besser, ihre Sessel stünden auf der Erde, das sei doch »normaler«. Sie steht jetzt ihnen gegenüber, geht näher heran und realisiert, daß *sie* jetzt größer ist: Sie spricht zu ihnen hinunter.

Jetzt beschreibt sie ihre »richtigen« Eltern, wie sie »wirklich« sind. Seit sie von zu Hause fort ist, kommt sie gut mit ihnen aus. »Aber daß es dies noch gibt« – sie zeigt auf den Thron – »oder gab – das habe ich nicht gewußt.«

»Wie aber die Archetypen als Mythen völkergeschichtliches Vorkommen haben, so finden sie sich auch in jedem Individuum und wirken immer dort am stärksten, ... wo das Bewußtsein am engsten oder schwächsten ist und wo daher die Phantasie die Gegebenheiten der Außenwelt überwuchern kann. Diese Bedingung ist beim Kind in den ersten Lebensjahren zweifellos gegeben. Es ist mir darum wahrscheinlicher, daß jene archetypische Form des Götterpaares das Bild der wirklichen Eltern zunächst überkleidet und assimiliert, bis dann schließlich, mit wachsendem Bewußtsein, die wirkliche Gestalt der Eltern – nicht selten zur Enttäuschung des Kindes – wahrgenommen wird.«[89]

Hier war das Ich des Kindes besonders schwach, denn es fühlte sich zum Leben sozusagen gar nicht zugelassen, jedenfalls nicht in der Gestalt, in der es geboren war. Darum machte es sich in der Angst am liebsten unsichtbar: Es versteckte sich im tiefsten Dunkel.

Aus der Angst wurde die Protagonistin befreit, als ein konkreter Mann kam und in ihr das Mädchen erkannte, als sie ein Paar wurden. Aber es bedurfte noch der Entthronung des bedrohlichen Götterpaares, um zur eigenen Synthese von Männlichem und Weiblichem zu kommen.

Es müßten viele Psychodramen folgen, Varianten und Weiterführungen der bisher nur angedeuteten Themen. Aber *alle* Beispiele bleiben notgedrungen nur Auszüge aus einem größeren Zusammenhang. Sie vereinfachen, indem sie eine Auswahl treffen; und sie vereinfachen in der gradlinigen Darstellung eines Themas. Dabei muß die Vielschichtigkeit des archetypischen Hintergrundes, die gleichzeitige Verflochtenheit vieler Themen untereinander aus der Darstellung wegfallen; ebenso das Element der Zeit, des Prozesses. Meine Beispiele sind sozusagen Momentaufnahmen und halten das Überraschende – oder das Essentielle des Augenblicks fest.

Psychodrama als Selbstbegegnung

Die Beispiele, die hier nur zu bestimmten Gesichtspunkten ausgesucht wurden, lassen wohl trotzdem erkennen, wie die verschiedensten Probleme mit Hilfe des Psychodramas bearbeitet werden können. Es gibt praktisch kein Thema, das nicht in das Spiel des Psychodramas gebracht werden könnte.

Im Rückblick auf die Beispiele wird man sich auch bereits vorstellen können, daß es weder Moreno noch Jung ausschließlich um die Bearbeitung von realen Konflikten oder umschriebenen Symptomen ging. So wichtig diese Aufgaben für beide Therapeuten waren, so sahen sie das Ziel ihrer Therapie letztlich doch in einem umfassenderen Zusammenhang.

Moreno sah den Menschen nicht nur als »soziales Wesen« oder »nur als Individuum«, sondern verstand ihn als »kosmisches Wesen« und wollte ihn wieder in einen lebendigen Bezug zum »Kosmos« stellen. Neben die drei den Menschen bedingenden Gegebenheiten von Zeit, Raum und Kausalität stellte er als »vierte Dimension« den Kosmos: *Weltordnung*.

Ebenso sagte Jung, daß »unsere Welt mit Zeit, Raum und Kausalität sich auf eine dahinter- oder darunterliegende andere Ordnung der Dinge bezieht, in welcher weder ›Hier und Dort‹ noch ›Früher und Später‹ wesentlich sind ...«[90]. Diese Dimension war für Jung das kollektive Unbewußte und dessen Zentrum: das Selbst, der zentrale Archetypus, von dem aus alle Strukturen angeordnet werden, der Archetypus der *Ordnung*. Bilder aber, in denen das Selbst erlebt wird, sind von Gottes-Bildern nicht zu unterscheiden.

Das Ziel des Individuationsprozesses – oder der Selbstfindung – des Menschen besteht nach Jung in einer Rückbesinnung des Bewußtseins auf das Unbewußte. Das Ich muß sich einerseits entfalten und muß zu gleicher Zeit anerkennen, daß es nicht autonom ist, sondern daß es abhängig und bis zu einem gewissen Grade getragen ist vom Selbst. In diesem Sinne kann der Individuationsweg als der Weg vom Ich zum Selbst bezeichnet werden.

Sowohl Moreno wie Jung sahen den Menschen in einen größeren Ordnungszusammenhang eingebettet und sahen in den jeweiligen Konflikten nicht nur Übel, die es zu beseitigen galt, sondern vor allem Hinweise auf die Notwendigkeit einer Weiterentwicklung zu einer möglichen Ganzheit, denn das allein kann dann auch Heilung bedeuten.

Diese Ganzwerdung vollzieht sich in der Begegnung mit dem Selbst, innerseelisch – oder konkret: in der mitmenschlichen Begegnung, denn auch der Mitmensch kann eine »Umhüllung« des Selbst (Jung) oder »Verkörperung Gottes« (Moreno) sein. Moreno sagt: »Das *Bild Gottes* kann in jedem Menschen Gestalt annehmen, [kann] durch den Epileptiker, den Schizophrenen, die Prostituierte, die Armen und Unterdrückten verkörpert werden.«[91]

Der Weg, der zum Ziel der Ganzwerdung führen soll, muß ganzheitlich, das heißt mit Leib und Seele, gegangen werden. Dabei sind alle vier psychischen Funktionen beteiligt, nicht nur die des Denkens (ich weiß, daß . . .) oder des Fühlens (ich mag nicht, wenn . . .) oder nur die Intuition (ich spüre, daß . . .) oder die Empfindung (Wahrnehmung/meine Beobachtung zeigt mir, daß . . .). Ebenso gehört dazu sowohl die extravertierte Einstellung, die Innerpsychisches an den Objekten außerhalb der eigenen Person erlebt, wie die introvertierte, die die Brücke von der Außen- zur Innenansicht schlägt und das im Äußeren Erfahrene als Bild innerpsychischen Erlebens erkennt. Das kann dann heißen: Ein Gefühl wird in Handlung umgesetzt oder auf Gegenstände oder Personen projiziert; oder: Aus Handlungen, aus äußeren Ereignissen werden Rückschlüsse auf Innerpsychisches gezogen. Die Aufmerksamkeit gilt abwechselnd der Innen- und der Außenwelt, intrapsychischen oder realen äußeren Vorgängen.

Ganzheitliches Erleben solcher Art ist meistens nur unter bestimmten Bedingungen oder in besonderen Situationen möglich – wie zum Beispiel das Psychodrama sie bietet. Es reicht dann in größere Tiefen oder Weiten, als sie im allgemeinen dem einzelnen zugänglich sind. Und dabei geht es nicht um ein Weg- oder Aufarbeiten von Unbewußtem zugunsten autonomer Bewußtheit, sondern um eine möglichst lebendige, realistische Beziehung zwischen dem Bewußtsein und dem Unbewußten; um ein Zusammenwirken des bewußten Ichs mit den unbewußten Anteilen, die sich melden.

Im Psychodrama wird eine praktische Auseinandersetzung zwischen dem Bewußtsein und dem Unbewußten möglich, im Sinne der von Jung als »transzendent« bezeichneten Funktion. Die engen, vom Bewußtsein gesetzten Grenzen werden in der psychodramatischen Handlung dauernd überschritten (tran-szendiert), es wird ein Hin- und Hergehen oder ein Austausch zwischen bewußten und unbewußten Anteilen möglich.

Wenn Bewußtsein und Unbewußtes als zwei einander bedingende und voneinander abhängige Größen gesehen werden, dann ist die transzendente Funktion die Tätigkeit oder Übung, die durch die Veränderung der einen Größe gleichzeitig eine Veränderung der anderen bewirkt. Es geht dabei um keine theoretische, sondern allein um eine praktische Auseinandersetzung des Bewußtseins mit dem Unbewußten.

Das kann zum Beispiel durch das Erkennen von Projektionen geschehen und ganz allgemein dadurch, daß die bewußte Einstellung für den symbolischen Gehalt der bisher als »banal« angesehenen Realität sensibilisiert wird. Es wird eine gewisse Aufmerksamkeit für die Symbolsprache der Umwelt geweckt.

Träume – die reinsten Gestaltungen des Unbewußten – können dadurch ins bewußte Leben integriert werden, daß sie mit allen Sinnen *und* mit Beteiligung des Bewußtseins wiedererlebt, ja unter Umständen »weitergeträumt«, das heißt in der Handlung spontan weitergeführt werden. Und damit wird ihre »Botschaft«, das, was sie zur bewußten Einstellung komplementär oder kompensatorisch hinzufügen wollen, ernst genommen.

Spontane Phantasien oder »aktive Imagination« können im Psychodrama einen breiten Raum einnehmen. Affektive Spannungen, Wut, Trauer, Angst und so weiter sind häufig das Ausgangsmotiv, das dann in Handlung umgesetzt wird. Die vorher gefangene Energie wird in den Prozeß hineingenommen, in Bildern oder in Aktion gestaltet – und kann danach angeschaut, bedacht und somit dem Bewußtsein angeschlossen und verarbeitet werden. (Das war zum Beispiel im Psychodrama von Sepp der Fall, bei dem die Wut das Ausgangsmotiv war, durch die das Bild des toten Vaters hervorgerufen und danach aktiv imaginiert wurde.)

Im Grunde ist alle Handlung im Psychodrama aktive Imagination. Ob scheinbar konkrete Orte oder Seelenlandschaften aufgebaut werden, ob es um konkrete Ereignisse, vermeintliche oder phantasierte Begebenheiten geht: Man kann sie als aktive Imaginationen bezeichnen.

Psychodrama als der konkreteste oder realste Zugang zu aller psychischen Thematik kann auch das Unrealste zulassen und umfassen.

Zu den ganz *realen* Voraussetzungen gehören: die *Zeit*, die festgelegt und beschränkt ist, der *Raum*, der hier geschützt ist, und die *Realität*, die zum Beispiel durch die Präsenz der Gruppe gekennzeichnet ist.

Zu dem sicheren Boden der Realität gehört auch die Methode des Psychodramas, die durch den strukturierten Aufbau und die rituell eingehaltenen Regeln einen festen Rahmen für den Vollzug der Handlung bietet.

Im Psychodrama herrscht wie überall im Leben *die Zeit* als Maß (zum Beispiel des Beisammenseins oder der Dauer eines Psychodramas). Außerdem spielt die Zeit als Vergangenheit – Gegenwart – Zukunft eine Rolle, denn jetzt, in der Gegenwart, wirkt noch vieles aus der Vergangenheit nach; der Blick muß sich also nach rückwärts wenden, aber sozusagen nur, um sich danach um so sicherer auf Zukunft hin auszurichten. Dazwischen aber liegt das Jetzt, der »Augenblick in seiner ganzen Dynamik« (Moreno). Die Dynamik der Gegenwart, hier und jetzt, ist das Essentielle. *Jetzt* ereignet sich, was für die Zukunft von Bedeutung sein wird und was auch die Erfahrung der Vergangenheit mit umschließt. *Jetzt* kann im Psychodrama schon die Zukunft »geübt«, nicht als »Lebensprobe« vorweggenommen werden; aber sozusagen nur, um nicht immer von der Zukunft bedroht oder verlockt zu werden und darüber den jetzigen Augenblick zu verpassen. Im Psychodrama fallen in dieser Weise die Zeiten ineinander und vereinigen sich im Jetzt, in diesem Augenblick.

Dazu kurz das Psychodrama einer Frau als Beispiel, die sich gerade erst von einer gefährlichen Krankheit erholte und noch nicht ganz wieder einer möglichen Zukunft traute: Am Krankenbett war ihr ihre vor langem verstorbene Mutter erschienen, als ob sie sie holen wollte, und sie wird dieses Bild nicht wieder los. – Im Psychodrama findet erst einmal ein Gang zu der gestorbenen Mutter – »im Himmel« – statt. Es ist schwer, sie zu erreichen, aber dann findet ein kurzes, endgültige Trennung und Ablösung bringendes Gespräch statt. (In ständigem Rollentausch sprach die Frau für sich selbst und antwortete sich auch von seiten der Mutter her.) – Danach kehrt sie auf die Erde zurück, in ihren Garten, der noch bestellt werden muß für das kommende Jahr und in dem *jetzt* die Früchte des kommenden Herbstes reifen. Hier hat sie jetzt ein Gespräch mit dem noch kleinen Enkel, das sie, wenn er groß sein wird, mit ihm gerne geführt haben möchte, um ihn frei(gegeben) seinen Weg ziehen zu lassen und selber dann in Ruhe leben oder sterben zu können.

In der Dynamik des Augenblicks vereinen sich für diese Frau hier im Psychodrama alle Zeiten ihres Lebens.

Was für die Zeit als konkrete Zeit und zugleich mögliche Raffung oder Essenz im Augenblick gilt, gilt auch für die Behandlung des *Raumes*. Die Einbeziehung des Raumes ist von großer therapeutischer Bedeutung. Durch die Vergegenwärtigung der Räume, in denen Wesentliches geschah, werden sie von neuem zum Erlebnisraum, jetzt und hier: Kindheitsstraße, Elternhaus, Himmel, irdischer Garten, verrußte Küche, Südpol, Waldweg. Alle im Psychodrama aufgebauten äußeren Räume werden als Erlebnisraum des »Jetzt und Hier« auch zum Bild des seelischen »Innenraumes« oder zum Bild einer psychischen Verfassung oder Situation.

Es zeigt sich in der psychodramatischen Erfahrung von Raum und Zeit ihre Relativität – was für diese Kategorien im Psychischen ganz allgemein gilt ebenso wie für die Kausalität oder *»Realität«*.

Einerseits kann das »wirkliche«, reale Leben in den Raum des Psychodramas geholt werden, bis hin zu den Einzelheiten des Alltagslebens. Es kann um Beziehungsproblematik, Geldprobleme, berufliche Fragen oder allgemein um Schwierigkeiten im Umgang mit realen Forderungen gehen. Hier ist es aber auch möglich, »neue Lebensweisen zu entwickeln und zu lernen, ohne ernstliche Konsequenzen oder gar eine Katastrophe zu riskieren, wie dies im wirklichen Leben der Fall sein könnte«[92]. Wir begegnen also der äußeren Realität – und können sie doch ändern, umgestalten, überschreiten (transzendieren).

Die Erfahrung zeigt immer von neuem, daß man mehr erlebt, als in der äußeren Realität begründet scheint. Daraus ergibt sich für Moreno die Feststellung des »Realitätsüberschusses« (Surplus-Reality). Jung schreibt in anderem Zusammenhang: »Die Vernunft steckt uns viel zu enge Grenzen und fordert uns auf, nur das Bekannte – und auch dies mit Einschränkungen – in bekanntem Rahmen zu leben, so als ob man die wirkliche Ausdehnung des Lebens kennte. Tatsächlich leben wir Tag für Tag weit über die Grenzen unseres Bewußtseins hinaus; ohne unser Wissen lebt das Unbewußte mit. Je mehr kritische Vernunft vorwaltet, desto ärmer wird das Leben; aber je mehr Unbewußtes, je mehr Mythen wir bewußtzumachen vermögen, desto mehr Leben integrieren wir.«[93]

In der Realität des Psychodramas fällt das ganz Konkrete der äußeren Welt und das Unanschauliche der psychischen Welt in einer Handlung und Erfahrung zusammen.

Einerseits sind Zeit, Raum und Kausalität die grundsätzlichen Gegebenheiten unseres Lebens; andererseits führt das subjektive Erleben dieser Kategorien zur Erfahrung ihrer Relativität. Meßbare Zeit und psychische Zeit sind zweierlei. Ebenso verhält es sich mit dem objektiven Raum und dem psychischen Erleben des Raumes oder dem psychischen Innenraum; und objektives Erkennen von Ursache und Wirkung und subjektives Erleben der Realität divergieren ebenso häufig.

»Psychodrama ist die Methode, die die Wahrheit der Seele

durch Handeln ergründet.« Zur Wahrheit der Seele gehört außer Zeit, Raum und Kausalität die Dimension des »Kosmos« oder des »kollektiven Unbewußten« – Gottes oder des Selbst. Und Handeln im Psychodrama ist die »Verkörperung«, die »Konkretisation von Symbolen« (Moreno), die aus der »vierten Dimension« in die Realität hier und jetzt geholt werden.

Im Rahmen solcher Überlegungen kann das Psychodrama als der »Ort« bezeichnet werden, wo die Ordnung der Außenwelt und die Ordnung der Innenwelt zusammentreffen und dem Spiel Raum geben, in dem der einzelne sich selbst – oder dem Selbst begegnen kann.

Literaturverzeichnis

Barz, Ellynor: Götter und Planeten, Zürich 1988

Barz, Helmut: Selbst-Erfahrung, Tiefenpsychologie und christlicher Glaube, Stuttgart 1973

Ders.: Selbstverwirklichung, Ehrenrettung eines Modewortes, Stuttgart 1981

Ders.: Vom Wesen der Seele, Stuttgart 1979

Ellenberger, Henry F.: Die Entdeckung des Unbewußten, Bern, Stuttgart, Wien 1973

von Franz, Marie-Louise: C. G. Jung. Sein Mythos in unserer Zeit, Frauenfeld und Stuttgart 1972

Dies.: Zur Psychologie der Gruppe. Gruppenprobleme in Jungscher Sicht. In: Zeitwende, 42. Jahrgang, Juli 1971 Heft 4

Hofstätter, Peter R.: Gruppendynamik. Kritik der Massenpsychologie, Hamburg 1957/71

Ders.: Psychologie, Frankfurt a. M. 1957/72

Huizinga, Johan: Homo Ludens. Vom Ursprung der Kultur im Spiel, Hamburg 1956

Jung, C. G.: Erinnerungen, Träume, Gedanken. Hrsg. von Aniela Jaffé, Zürich und Stuttgart 1962; Olten 1984

Ders.: Gesammelte Werke. Bd. I–IXX, Zürich und Olten, 1958 bis 1983

Ders.: Briefe in drei Bänden, Olten und Freiburg im Breisgau 1972, 73

Leutz, Grete A.: Psychodrama, Theorie und Praxis. Bd. I: Das klassische Psychodrama nach J. L. Moreno, Berlin, Heidelberg, New York 1974

Dies.: Psychodrama, hrsg. von Grete Leutz und Klaus W. Oberborbeck, Göttingen 1980

J. L. Moreno: Gruppenpsychotherapie und Psychodrama. Einleitung in die Theorie und Praxis, Stuttgart 1959

Ders.: Die Grundlagen der Soziometrie. Wege zur Neuordnung der Gesellschaft, Köln und Opladen 1954

Ders.: Preludes To My Autobiography. Introduction To Who Shall Survive?, Beacon, New York 1955

Ders.: Das Stegreiftheater, 2. Aufl. Beacon, New York 1970

Ders.: Die Psychiatrie des zwanzigsten Jahrhunderts als Funktion der Universalia Zeit, Raum, Realität und Kosmos, in: Angewandtes Psychodrama, Hrsg.: Hilarion Petzold, Paderborn 1978

Neumann, Erich: Ursprungsgeschichte des Bewußtseins, Zürich 1949; Fischer Taschenbuch (Geist und Psyche 42042)

Ders.: Zur psychologischen Bedeutung des Ritus. In: Kulturentwicklung und Religion, Zürich 1953

Schadewaldt, Wolfgang: Hellas und Hesperien. Gesammelte Schriften zur Antike und zur neueren Literatur, Stuttgart und Zürich 1960

Seifert, Theodor: Lebensperspektiven der Psychologie. Wege. Schnittpunkte. Gegensätze, Olten und Freiburg im Breisgau 1981

Tillich, Paul: Die religiöse Substanz der Kultur. Schriften zur Theologie der Kultur. Ges. Werke Bd. IX, Stuttgart 1967

Wehr, Gerhard: C. G. Jung. Leben, Werk, Wirkung, München 1985
Wolff, Toni: Studien zu C. G. Jungs Psychologie, Zürich 1959
Yablonsky, Lewis: Psychodrama. Die Lösung emotionaler Probleme durch das Rollenspiel, Stuttgart 1978

Anmerkungen

1 Lewis Yablonsky, Psychodrama. Die Lösung emotionaler Probleme durch das Rollenspiel, Stuttgart 1978

2 J. L. Moreno, Preludes To My Autobiography. Introduction To Who Shall Survive?, Beacon, New York 1955

3 Yablonsky, 1978, S. 240

4 Leutz, 1974, S. 29 f.

5 1920, Kiepenheuer-Verlag Berlin-Potsdam

6 1923, ebenda erschienen

7 »All my inspirations for my methods and techniques have come directly or indirectly from my idea of the Godhead and from the principle of his genesis.« Moreno, 1955, S. 31

8 J. L. Moreno, Das Stegreiftheater, 2. Aufl. Beacon House, Beacon, N.Y. 1970, S. 15 f.

9 Moreno, 1959, S. 1

10 a.a.O., S. 3

11 a.a.O., S. 14 ff. und sein Beitrag in »Angewandtes Psychodrama« 1978, S. 110 f.

12 Moreno, 1959, S. 11

13 Moreno, 1955, S. 31

14 J. L. Moreno, Who Shall Survive? Foundations of Sociometry,Group Psychotherapy and Sociodrama, 1953. Deutsch: Die Grundlagen der Soziometrie. Wege zur Neuordnung der Gesellschaft. 1954

15 »Zwischenmenschliche Beziehungen« ist ein von Moreno eingeführter Terminus. 1937 gründete er die »Zeitschrift für zwischenmenschliche Beziehungen«: »Sociometry, A Journal of Interpersonal Relations«.

16 1964 in Paris, 1966 Barcelona, 1968 Prag (Baden bei Wien), 1969 Buenos Aires, 1970 Sao Paolo, 1971 Amsterdam, 1972 Tokio.

17 Moreno, 1959, S. 53

18 Moreno, 1954, S. XXIV

19 Moreno, 1959, S. 77

20 Moreno, in »Angewandtes Psychodrama«, 1978, S. 111

21 Yablonsky, 1978, S. 248

22 Zum Biographischen vgl. Henry F. Ellenberger, 1973, S. 879 bis 914; Jungs Autobiographie: Erinnerungen, Träume, Gedanken, 1962; Gerhard Wehr, C. G. Jung. Leben, Werk, Wirkung, München 1985; M.-L. von Franz, C. G. Jung. Sein Mythos in unserer Zeit, 1972

23 C. G. Jung, GW VI, S. 595 und S. 596

24 Kabiren waren naturhafte Gottheiten – Zwerge wie Riesen –, die mit dem Schöpferischen in Verbindung gebracht wurden (Jung, 1962, S. 30).

25 C. G. Jung, GW IX/I, S. 95

26 C. G. Jung, GW IX/I, S. 174

27 H. Barz, 1979, S. 88

28 Eine grundsätzliche Einführung gibt Grete Leutz, Leiterin des Deutschen

Moreno-Institutes in Überlingen am Bodensee: Psychodrama, Theorie und Praxis, 1974.
29 Moreno, 1959, S. 77
30 a.a.O., S. 81 f.
31 a.a.O., S. 79 und 76
32 a.a.O., S. 80
33 a.a.O., S. 78
34 a.a.O., S. 83. Hier könnte man in Jungscher Terminologie von der Herausarbeitung gefühlsbetonter Komplexe sprechen. Sowohl auf die Behandlung von Komplexen im Psychodrama wie auf den energetischen Gesichtspunkt, auf den hier von Moreno verwiesen wird, wird im späteren Zusammenhang eingegangen. Ebenso ist der Vorgang der Projektion und die Rücknahme von Projektionen hier aus Morenos Sicht angesprochen.
35 a.a.O., S. 89
36 a.a.O., S. 3
36a a.a.O., S. 84
37 Vgl. Yablonsky, 1978, S. 141 f.
38 Moreno, 1955, S. 23
39 Moreno, 1959, S. 83
40 C. G. Jung, GW VIII, S. 102
41 Moreno, 1959, S. 83
42 Zitiert nach G. Leutz, 1974, S. 22
43 a.a.O., S. 18
44 C. G. Jung, GW XVI, S. 248
45 a.a.O.
46 C. G. Jung, GW VI, S. 357
47 a.a.O.
48 C. G. Jung, Briefe II, S. 452
49 a.a.O., S. 130
50 Toni Wolff, 1959, S. 7
51 G. Hofstätter, 1957/71, S. 194
52 C. G. Jung, Briefe II, S. 453
53 Siehe das gleichnamige Buch von Helmut Barz
54 C. G. Jung, GW VIII, S. 258
55 J. L. Moreno, 1959, S. 5
56 C. G. Jung, GW VI, S. 248
57 Erich Neumann, Ursprungsgeschichte des Bewußtseins, 1949, Appendix I und II, S. 449 ff. Dieses Zitat: S. 470
57a H. Barz, Stichwort Selbstverwirklichung, 1981
58 E. Neumann, 1949, S. 469
59 a.a.O., S. 471
59a Im folgenden setze ich mich mit dem Aufsatz »Zur Psychologie der Gruppe« von M.-L. v. Franz, Zeitwende, Juli 1971 auseinander.
60 C. G. Jung, GW VIII, S. 35 ff.
61 Paul Tillich, GW IX, S. 253
62 J. L. Moreno, in Angewandtes Psychodrama, 1978, S. 111
63 C. G. Jung, Briefe II, S. 131
64 C. G. Jung, GW XVI, S. 298

65 Huizinga, Johan: Homo Ludens, Vom Ursprung der Kultur im Spiel, 1981
66 Platon, Gesetze VII, 803 CD, zitiert nach Huizinga, a.a.O., S. 28
67 Moreno, 1959, S. 3 f.
68 Erich Neumann, Zur psychologischen Bedeutung d. Ritus, 1953
69 a.a.O., S. 37
70 a.a.O., S. 44 f.
71 J. Huizinga, 1981, S. 19 f.
72 a.a.O., S. 16
73 a.a.O.
74 Wolfgang Schadewaldt, Hellas und Hesperiden, 1960, S. 253
75 a.a.O., S. 266
76 Moreno, 1959, S. 79
77 Schadewaldt, 1960, S. 389
78 a.a.O., S. 391
79 C. G. Jung, GW VII, S. 211 f.
80 C. G. Jung, GW VII, S. 173
81 Jung, Erinnerungen, Träume, Gedanken, 1962, S. 409
82 C. G. Jung, GW IX, II, S. 21
83 C. G. Jung, GW VIII, S. 231
84 C. G. Jung, GW XIV, II, S. 297
85 C. G. Jung, GW VIII, S. 118, 114
86 Vgl. E. Barz, Götter und Planeten, 1988, S. 116
87 C. G. Jung, GW XII, S. 83
88 C. G. Jung, GW XII, S. 83
89 C. G. Jung, GW IX, I, S. 82 f.
90 C. G. Jung, 1962, S. 308
91 J. L. Moreno, in: Angewandtes Psychodrama, 1978, S. 111
92 a.a.O., S. 105
93 C. G. Jung, 1962, S. 305

Quellennachweis

Mit freundlicher Genehmigung der angeführten Verlage wurden die Zitate auf den folgenden Seiten entnommen aus:
S. 16 f., 78, 79: Grete A. Leutz, Psychodrama, Theorie und Praxis. Bd. I: Das klassische Psychodrama nach J. L. Moreno, Springer Verlag, Berlin, Heidelberg, New York 1974
S. 24 f.: Lewis Yablonsky, Psychodrama. Die Lösung emotionaler Probleme durch das Rollenspiel, Verlag Klett-Cotta, 2. Aufl., Stuttgart 1986
S. 43 f., 45, 46: Jakob Levy Moreno, Gruppenpsychotherapie und Psychodrama. Einleitung in die Theorie und Praxis, Thieme Verlag, Stuttgart 1959
S. 63, 96, 144, 145 f.: C. G. Jung, Gesammelte Werke, Bd. I – XX, Walter Verlag AG, Olten 1958 – 1983
S. 152: C. G. Jung, Erinnerungen, Träume, Gedanken, Walter Verlag AG, Olten 1961
S. 88: Erich Neumann, Ursprungsgeschichte des Bewußtseins, Fischer Taschenbuchverlag, Frankfurt/Main (Geist und Psyche 42042)

Ellynor Barz

Götter und Planeten

Grundlagen archetypischer Astrologie

282 Seiten, 25 Abbildungen, Efalin gebunden
ISBN 3-268-00050-9

Was geschieht, wenn Mars und Venus sich lieben? Wie erwehrt sich Jupiter seines schwierigen Vaters Saturn? Wem eilt Merkur mit Tarnkappe und Flügelschuh listig zu Hilfe? Ellynor Barz erschließt aus der Perspektive der analytischen Psychologie C. G. Jungs die Grundlagen astrologischen Denkens, indem sie von den Planeten*göttern* ausgeht und deren Mythen erzählt. Diese Darstellung der Planeten ist nicht nur spannend und amüsant zu lesen, sie ist auch neu und gewährt überraschende Einsichten. Wenn wir die Eigenschaften und Charakterzüge der antiken Göttergestalten symbolisch verstehen als Möglichkeiten unserer eigenen menschlichen Psyche, dann begegnen wir in der Astrologie, die diese Welt auf die »Leinwand« des nächtlichen Himmels projiziert, einem Bereich alter menschlicher Weisheit, der an Differenziertheit jedes psychologische Modell zur Erklärung der menschlichen Psyche übertrifft. Denn obwohl die Astrologie mit Planeten, Tierkreis und Häusern über ein Deutungs*modell* verfügt, bleibt doch jedes Horoskop, bleibt jeder Mensch durch die Unterschiedlichkeit seiner Geburtsstunde oder seines Geburtsortes ein unverwechselbares Individuum. Die Vielfalt und Einmaligkeit der in uns angelegten und durch das Horoskop umschriebenen Möglichkeiten auszuschöpfen und zu verwirklichen ist die Aufgabe unseres Lebens.

Kreuz Verlag

Antje Kiehn/Samuel Laeuchli/
Heidemarie Langer/Gerhard Marcel Martin/
Ruth Passauer/Tim Schramm/Yorick Spiegel/
Wolfgang Teichert

Bibliodrama

158 Seiten, kartoniert
ISBN 3-7831-0848-9

Bibliodrama ist von Psychodrama abgeleitet. Aber es ist nicht in erster Linie eine Therapiemethode, sondern vermittelt die Begegnung mit biblischen Geschichten. Mit dem Bibliodrama wird eine alte christliche Tradition, die des Mysterienspiels, neu belebt. Tiefenpsychologische, dramatische und körpertherapeutische Ansätze sowie Selbsterfahrung werden im Bibliodrama zu einer neuen Einheit verbunden und führen zu intensiver religiöser Erfahrung.
Der Band vereinigt Darstellungen der Bibliodrama-Praxis von verschiedenen Ansätzen her und Reflexionen über das Verhältnis zwischen Bibliodrama und Exegese sowie Bibliodrama und Seelsorge.
Die Autorinnen und Autoren haben in den vergangenen Jahren die Bibliodrama-Arbeit entwickelt und trafen sich Anfang 1986 zu einem Symposion in Bad Segeberg, aus welchem dieser Band hervorgegangen ist. Zum zweiten Mal wird damit dieser junge Zweig kirchlicher Erwachsenenbildung öffentlich vorgestellt und reflektiert.
Gegenüber der herkömmlichen Beschäftigung mit biblischen Texten ermöglicht das Bibliodrama eine Identifizierung der Teilnehmer mit den biblischen Gestalten, selbst mit Gott und mit Jesus. Auf diesem Wege werden Tiefendimensionen des religiösen Erlebens erschlossen, die eine nachhaltige Begegnung mit dem Heiligen und von daher auch therapeutische Wirkungen erleben lassen. Das Spiel aktualisiert das Drama zwischen Gott, Mensch und Welt.